प्रभाव में महारत हासिल करना- अनुनय और मन पर नियंत्रण के गहरे रहस्य

प्रभाव में महारत हासिल करना - अनुनय और मन पर नियंत्रण के गहरे रहस्य

आई जे नायक

भारत
2023

अंतर्वस्तु

अध्याय 1: मानसिक हेरफेर का इतिहास

भाषा और विचार का अटूट संबंध है। प्लेटो, एक प्राचीन यूनानी दार्शनिक ने सुझाव दिया कि हम केवल भाषा के माध्यम से वास्तविकता का अनुभव करते हैं; विल्हेम वॉन हम्बोल्ट ने भाषा को विचार का आधार माना; इन विचारों को सैपिर-व्हाफ परिकल्पना में औपचारिक रूप दिया गया, जो दावा करता है कि किसी भाषा की संरचना बोलने वालों के सोचने के तरीके को प्रभावित करती है; एक स्पष्ट उदाहरण यह है कि रंगों को अलग करने के लिए उपलब्ध शब्दों की संख्या कैसे प्रभावित करती है कि वक्ता रंगों को कैसे समझते हैं - यह अवधारणा कि शब्दों की सीमा और चैनल संज्ञानात्मक विकल्प कुछ प्रभावशाली जोड़-तोड़कर्ता अपने लाभ के लिए उपयोग करते हैं, जबकि विचार का यह मार्ग महत्वपूर्ण है और व्यापक रूप से अपनाया गया है समय के साथ हम्बोल्ट जैसे दार्शनिकों द्वारा भी।

जॉर्ज ऑरवेल की नाइनटीन एटी-फोर एक प्रभावशाली पुस्तक थी, जिसमें फासीवादी शासी निकायों पर प्रकाश डाला गया था, जो अपने शासन के हिस्से के रूप में अलंकारिक रणनीतियों का उपयोग करते हैं, जो किसी भी आत्म-केंद्रित आत्ममुग्ध या उदासीन समाजोपथ के बराबर जोड़-तोड़ बल के साथ काम करते हैं। यह पुस्तक अमेरिकी स्कूलों में पढ़ाई जाती रही है और इसका सबसे बड़ा प्रभाव यह प्रकट करना था कि भाषा में हेरफेर कैसे होता है; विशेष रूप से न्यूज़पीक को पसंद की सरकारी भाषा के रूप में पेश करके। न्यूज़पीक उन शक्तियों को अनुमति देता है जो भाषा के उपयोग को प्रतिबंधित करके बुनियादी अवधारणाओं और वास्तविकता की हमारी धारणा को बदल देती हैं। इसका उपयोग करने वाले लोग केवल कुछ मामलों को ही समझते हैं जबकि उन सभी चीज़ों की उपेक्षा करते हैं या उन पर कार्रवाई नहीं करते हैं जिन्हें अनुचित माना जा सकता है। सीधे शब्दों में कहें तो, न्यूज़पीक भाषा को सीमित करके अपने नागरिकों के लिए वास्तविकता को परिभाषित करता है। एक विस्तार के रूप में, व्यक्तित्व लगभग असंभव हो जाता है जब भाषा आत्म-अभिव्यक्ति के लिए भाषण विकल्पों को प्रतिबंधित करती है - उदाहरण के लिए विशेषणों को प्रतिकूल विशेषणों में सरलीकृत किया जाता है जो व्यक्तियों को उनकी समझ के दायरे से बाहर किसी भी चीज़ के बारे में सूक्ष्म विचार व्यक्त करने से रोकता है और सूक्ष्म विचारों को स्वतंत्र रूप से व्यक्त करने से रोकता है। यह सरकार को संकीर्ण परिभाषाओं के माध्यम से उनके विषयों द्वारा समझी गई वास्तविकता को फिर से परिभाषित करने की अनुमति देता है जो आत्म-अभिव्यक्ति के लिए उपलब्ध विकल्पों को सीमित करता है - उसी तरह जैसे राजनीतिक दल अक्सर भाषण विकल्पों को सीमित करते हैं जो विकल्पों को सीमित करते हैं जो इसमें शामिल सभी लोगों के लिए वास्तविकता को फिर से परिभाषित करते हैं।

वे ध्रुवीकृत सोच बनाने के लिए शब्दों का उपयोग करते हैं और शब्दों के भीतर ही व्याख्या की परतें जोड़ते हैं, जैसे यौन मुठभेड़ों को "यौन अपराध" कहना। उस सिक्के के दूसरी तरफ मजबूर श्रम शिविर हैं जिन्हें "जॉय कैंप" नाम दिया गया है, जो सकारात्मक गुणों का सुझाव देते हैं जो अन्यथा एक नकारात्मक अनुभव होना चाहिए - सभी आज्ञाकारिता सुनिश्चित करने के लिए डिज़ाइन किए गए हैं। यह रणनीति ऐसे उद्देश्यों के लिए नामित सरकारी शाखाओं तक भी फैली हुई है: प्रेम मंत्रालय कानूनों को लागू करता है और दंड लगाता है जबकि शांति मंत्रालय युद्ध छेड़ता है जबकि सत्य मंत्रालय उनकी संबंधित शाखाओं के

लिए प्रचार शाखा के रूप में कार्य करता है - जिससे उन्हें अपने रैंकों के भीतर विश्वसनीयता मिलती है।

सरकारी अधिकारियों द्वारा अपने लाभ के लिए रीफ़्रेमिंग रणनीतियों का उपयोग करने के बहुत सारे उदाहरण हैं। 2016 के अमेरिकी राष्ट्रपति चुनाव के दौरान, उम्मीदवार डोनाल्ड ट्रम्प ने तब सुर्खियां बटोरीं जब उन्होंने "फ़र्जी समाचार" को फिर से परिभाषित किया, यह पदवी आमतौर पर सोशल मीडिया पर झूठी कहानियां फैलाने वाली साइटों पर लागू होती है, इसके बजाय वास्तविक मुख्यधारा के समाचार स्रोतों को संदर्भित किया जाता है। वास्तविक समाचार स्रोतों को नकली समाचार के रूप में पुनः ब्रांड करने का निश्चित रूप से समाचार-पत्र संबंधी अर्थ था। जब राजनीतिक अभिनेता कैच-वाक्यांशों या कैच-वाक्यांशों का उपयोग करते हैं जो उनके पक्ष का महिमामंडन करते हैं या दूसरे को बदनाम करते हैं, तो उनके अलंकारिक हेरफेर प्रयास उनके दर्शकों के भीतर संज्ञानात्मक विकल्पों को सीमित करने के प्रयास में प्रचार तकनीकों को नियोजित कर रहे हैं और उनके दर्शकों के सदस्यों द्वारा उपलब्ध कराए गए संज्ञानात्मक विकल्पों को सीमित करने का प्रयास कर रहे हैं।

किसी रिश्ते या कार्यस्थल सेटिंग में इन उपकरणों का उपयोग किस लिए किया जा सकता है? हम अपनी ईश्वर, शैतान और करिश्मा श्रृंखला में पहले ही उदाहरण देख चुके हैं। अलंकारिक विकल्प एक ऐसा उत्तर प्रकट कर सकते हैं जो अनकहा रह जाता है।

सोशियोपैथ, मनोरोगी, आत्ममग्ध और इसी तरह के विचलित व्यक्तित्व वाले अपने पीड़ितों के साथ होने वाली किसी भी बातचीत में बढ़त हासिल करने के लिए कई भाषाई रणनीति अपनाते हैं। वे अपने लक्ष्यों पर नियंत्रण स्थापित करने के लिए उन्हें भ्रमित करने, भटकाने या अन्यथा निराश करने का प्रयास करेंगे - इस्तेमाल की जाने वाली एक रणनीति भाषा में हेरफेर है - इसलिए इन जोड़-तोड़ करने वाले व्यक्तित्वों में से कुछ के विशिष्ट शब्द विकल्पों और हमारी पहले की चर्चा से अलंकारिक रूपरेखा की समीक्षा करना सार्थक हो सकता है; हम इस बात पर भी ध्यान केंद्रित करेंगे कि ये युक्तियाँ पीड़ितों से जुड़ी वास्तविक स्थितियों में कैसे काम कर सकती हैं, जब हम संभावित समाधान रणनीतियों के बारे में बात करते हैं जब किसी ऐसे ही व्यक्ति का सामना होता है जो किसी अन्य पीड़ित के खिलाफ भाषा हेरफेर का उपयोग करता है - हम इस बात पर चर्चा करने पर ध्यान केंद्रित करेंगे कि यह कैसा दिख सकता है; हम आम तौर पर इस बात पर चर्चा करेंगे कि ये युक्तियाँ हममें शामिल सभी पक्षों के खिलाफ कितनी प्रभावी हो सकती हैं; पारस्परिक संबंधों में अक्सर उपयोग की जाने वाली संचार तकनीकें व्यावसायिक स्थितियों में भी लागू हो सकती हैं।

समाजोपथियों द्वारा उपयोग किए जाने वाले कुछ प्रमुख वाक्यांशों को समझने के लिए यहां से प्रारंभ करें - भावनात्मक रूप से अलग व्यक्तित्व वाले लोग दूसरों की हानि के लिए निष्पक्ष रूप से स्वार्थ का पीछा करने में सक्षम होते हैं, जो अक्सर अपने विरोधियों पर अत्यधिक प्रतिक्रिया करने का आरोप लगाते हैं - जब उनके साथ स्थितियों पर चर्चा करते हैं। सोशियोपैथ और मनोरोगी समान रूप से किसी भी समस्या या स्थिति से ध्यान हटाने और पीड़ित पर ही बोझ डालने के लिए अक्सर इस तरह के वाक्यांशों का उपयोग करते हैं, जिससे उन्हें लगता है कि जो कुछ भी परेशान करने वाला था वह वास्तव में इतना बड़ा

मुद्दा नहीं था। . बातचीत को जल्दी ख़त्म करने और अपने लक्ष्य की भावनाओं को अमान्य करने के लिए सोशियोपैथ अक्सर इस रणनीति को एक प्रभावी साधन के रूप में अपनाते हैं। अमान्यकरण के एक वैकल्पिक रूप में पीड़ित को यह बताना शामिल है कि वे हास्यास्पद हो रहे हैं; अधिक निहित निर्णय के साथ अस्वीकृति का दूसरा रूप। न केवल आप ग़लत हैं या अतिप्रतिक्रिया कर रहे हैं; आप भी अतार्किक व्यवहार कर रहे हैं - कुछ ही शब्दों में बहुत कुछ कहा जा सकता है!

मनोरोगी थोड़े से बदलाव के साथ समान रणनीति अपनाते हैं। मनोरोगी आप पर "अतिविश्लेषण" करने का आरोप लगा सकते हैं, जो स्थितियों को शीघ्रता से अस्थिर करने के लिए इस्तेमाल की जाने वाली एक प्रभावी रणनीति है। मनोचिकित्सक अक्सर अपने लक्ष्य को यह सुझाव देकर भ्रमित करने का प्रयास करेंगे कि वे पागल हो रहे हैं या अपने रास्ते से भटक रहे हैं। जब आप इन प्रयासों का जवाब देते हैं, तो वे बस अति-विश्लेषण का आरोप लगाकर इसे बंद कर देंगे - यह सब आपको यह सवाल करने के लिए डिज़ाइन किया गया है कि क्या आपकी धारणाएं वास्तव में हर चीज़ के बारे में सही थीं। मनोरोगी आप पर "नाटक" रचने का आरोप लगाते हुए पीछे हट सकते हैं। फिर, यह रणनीति पासा पलटने का काम करती है। यहां तक कि जब आपकी अन्याय की भावनाएं उचित होती हैं, तब भी वे उन्हें वास्तविकता से परे कुछ कह देंगे और तर्क के हिस्से के रूप में इसे बदनाम करने की कोशिश करेंगे। मनोचिकित्सक गैसलाइटिंग के विशेषज्ञ हैं - एक तेजी से प्रचलित तकनीक। पिछली दोनों तकनीकें इस मुद्दे को छूती हैं; लेकिन फुल-ऑन गैसलाइटिंग के साथ मनोरोगी दावा करेगा कि उन्होंने वह कभी नहीं कहा जो आप जानते हैं कि उन्होंने कहा था; यह देखते हुए कि मनोरोगी जटिल व्यवहार करने में सक्षम हैं, वे इसे हममें से किसी की अपेक्षा से भी अधिक सफलतापूर्वक कर सकते हैं!
अपने आप को और दूसरों को उनके झूठे बयानों पर विश्वास करने के लिए धोखा देना अक्सर पीड़ितों को सदमे में डालने के लिए पर्याप्त होता है, जिससे उन्हें अपनी इंद्रियों और शायद यहां तक कि उनकी विवेकशीलता पर भी संदेह होता है।

नार्सिसिस्ट अपने और अपने पीड़ितों के बीच संबंधों को बढ़ा-चढ़ाकर पेश करने के लिए "मैंने ऐसा पहले कभी महसूस नहीं किया" जैसे वाक्यांशों का उपयोग करेंगे, फिर भी साथ ही इसका उपयोग भविष्य में नियंत्रण और उन पर सह-निर्भर ध्यान स्थापित करने के लिए करेंगे। यह युक्ति न केवल उनके शिकार को अपने बारे में अच्छा महसूस कराती है, बल्कि यह भविष्य के रिश्तों में आगे नियंत्रण और कोडपेंडेंसी की दिशा में एक कदम मात्र है। नार्सिसिस्ट अक्सर अपनी कमजोरियों को अपने निकटतम लोगों पर थोप देते हैं और इस रणनीति का उपयोग तब करते हैं जब चीजें उनके अनुसार नहीं होती हैं - इस उदाहरण में इसका मतलब अपने साथी पर पागल होने या नियंत्रित करने का आरोप लगाना हो सकता है। जब चीजें योजना के अनुसार नहीं होती हैं तो वे अपने साथी के खिलाफ इस तरह के आरोपों का उपयोग उनके खिलाफ लाभ उठाने के लिए करते हैं - प्रक्षेपण का एक उदाहरण। नार्सिसिस्ट स्वयं को नियंत्रित करने वाले और पागल होने की प्रवृत्ति रखते हैं; इन गुणों को दूसरों पर प्रदर्शित करके, वे साथी को अस्थिर करते हुए खुद को बेहतर महसूस करा सकते हैं। एक अन्य युक्ति यह सुझा सकती है कि इस जोड़-तोड़कर्ता ने कभी किसी और के साथ इस समस्या को अनुभव नहीं किया है; इससे पुनर्रचना में मदद मिलती है ताकि केवल आप ही जिम्मेदार हों।

ऊपर प्रस्तुत प्रत्येक उदाहरण में, अलंकारिक रीफ़्रेमिंग में ऐसी भाषा भी शामिल हो सकती है जो आपके तर्क को एक दिशा या किसी अन्य दिशा में धकेलने का काम करती है - हास्यास्पद, व्यामोह और नाटक जैसे शब्द आपके एहसास से अधिक वजन उठा सकते हैं। बौद्धिक रूप से आप यह जान सकते हैं कि यह झूठ है, फिर भी जब आप वास्तव में परेशान महसूस करते हैं तो नाटक रचने का आरोप लगाना कठिन होता है। इन तकनीकों को अन्य परिदृश्यों में विस्तारित करना प्रभावी साबित होना चाहिए। कार्यस्थल पर, कोई भी सहकर्मी या प्रबंधक, जिसके व्यक्तित्व में किसी विचलन वाले किसी कर्मचारी के खिलाफ वैध शिकायतें हैं, आसानी से अपनी शिकायतों को पागल या सूक्ष्म प्रबंधन के रूप में पुनः परिभाषित कर सकता है, या कि "मैं पहले इन शिकायतों को सुने बिना वर्षों से यह काम कर रहा हूं", इस प्रकार यह सूचित करना कि उनकी शिकायतें स्वयं समस्या हो सकती हैं।

ये इस बात के विशिष्ट उदाहरण हैं कि कैसे समाजोपथ, मनोरोगी और आत्ममुग्ध लोग हेरफेर करने के लिए भाषा का उपयोग करते हैं। हालाँकि कौन बात कर रहा है इसके आधार पर अलग-अलग शब्द भिन्न हो सकते हैं।
किसी भी स्थिति में, ये उदाहरण बताते हैं कि कैसे शक्तिशाली व्यक्ति विभिन्न स्थितियों में लाभ उठाने के लिए भाषा-आधारित रणनीतियों का उपयोग करते हैं।
संचार एक उपकरण है
किसी भी उपकरण की तरह, संचार का उपयोग विभिन्न उद्देश्यों के लिए किया जा सकता है। हथौड़े का एक मुख्य उपयोग होता है - दीवारों में कील ठोंकना; इसका पंजा सिरा एक अतिरिक्त कार्य करता है - नाखून बाहर निकालना। उपकरणों के ये दो कार्य साथ-साथ काम करते हैं, निर्माण परियोजनाएं अक्सर मुख्य उद्देश्य होती हैं जिसके लिए उनका उद्देश्य होता है। हथौड़े का उपयोग विनाशकारी तरीके से भी किया जा सकता है - खिड़कियां तोड़ना या किसी के सिर पर हथियार के रूप में चलाया जाना सभी संभावित विकल्प हैं - हालांकि मूल रूप से इसका इरादा नहीं था, लेकिन इसका उपयोग करने वाले के आधार पर इसका कार्य बस बदल गया है।

कुछ लोग पूछ सकते हैं कि संचार कब हेरफेर में बदल जाता है जैसे कि संचार एक स्पेक्ट्रम पर मौजूद था। संचार ऐसे ही काम नहीं करता! जब कोई एक दिशा में बहुत दूर चला जाता है तो संचार स्वचालित रूप से हेरफेर में नहीं बदल जाता है - बल्कि, संचार एक उपकरण के रूप में कार्य करता है जो प्रभावित करने का प्रयास करता है। प्रत्येक प्रभावी संचार, विशेष रूप से औपचारिक संवाद, अलंकारिक उपकरणों पर निर्भर करता है। इससे कोई फर्क नहीं पड़ता कि आप अपने लिए निर्धारित संचार लक्ष्यों को पूरा करने के लिए कितने या किसे नियुक्त करते हैं, उनका उपयोग आपको जोड़-तोड़ करने वाले के रूप में देखे जाने की राह पर नहीं ले जाएगा। सकारात्मक या परोपकारी लक्ष्यों की ओर प्रभावी संचार वास्तव में यही है: प्रभावी। यूनानियों ने इसे समझा, प्रभावी तर्क को सत्य के संकेतक के रूप में देखा। यदि कोई सेल्समैन या डॉक्टर आपकी इच्छाओं का सम्मान करता है और उन्हें ध्यान में रखकर कार्य करता है, तो उनके तर्क हेरफेर के समान नहीं होंगे। भले ही सर्जरी के बारे में आपके डर के बावजूद वे आपको जीवनरक्षक सर्जरी कराने के लिए मना लें, जब तक कि इसके लिए उनके तर्क ईमानदारी से पेश किए गए हों।

तो यदि हेरफेर डिग्री पर निर्भर नहीं करता है, तो संचार कब हेरफेर में बदल जाता है? इसका उत्तर प्रेरणा में निहित है - उदाहरण के तौर पर हथौड़े का उपयोग करने की तुलना में: एक बार किसी अन्य इरादे को ध्यान में रखते हुए उपयोग किया जाए तो यह एक आक्रामक उपकरण या हथियार बन जाता है। संचार इसी तरह काम करता है. उपयोग की गई तकनीकों या उनके उपयोग की प्रभावशीलता की किसी सीमा पर हेरफेर नहीं होता है; बल्कि, हेरफेर तब होता है जब इसे धोखा देने या किसी ऐसे एजेंडे को आगे बढ़ाने के लिए गलत तरीके से नियोजित किया जाता है जो संचार के लक्ष्य से समझौता करता है। जिस प्रकार संचार प्रभावी और अप्रभावी दोनों हो सकता है, उसी प्रकार हेरफेर भी हो सकता है। कुछ व्यक्ति इस पर बिल्कुल अप्रभावी हैं, जबकि कुछ दर्शक इसे पहचानने में माहिर हो गए हैं। यदि सड़क पर कोई आपके पास छेड़छाड़ करने का प्रयास करता है, और वे आपको अन्यथा समझाने में विफल रहते हैं, तो बस दूर जाकर उनसे बचें; क्या इसका मतलब यह है कि वे प्रयास नहीं कर रहे थे? नहीं! ठग व्यक्ति जो कर रहा था वह सीधा संचार या ईमानदार अनुनय नहीं था - बल्कि उसने हेरफेर करने का प्रयास किया लेकिन बुरी तरह विफल रहा। कभी-कभी अनुनय या हेरफेर के लिए समान तकनीकों का उपयोग करने के लिए केवल एक चर को बदलने की आवश्यकता होती है: वक्ता का मकसद। अन्य उदाहरणों में, तकनीकें स्वयं स्वाभाविक रूप से चालाकीपूर्ण हो सकती हैं; जैसे कि हमने पिछले भाग में चर्चा की थी। किसी भी प्रकार का छल या चालाकी स्वाभाविक रूप से चालाकीपूर्ण होती है। भले ही आपके इरादे अच्छे हों, निष्पक्ष और प्रभावी रणनीति के साथ भी आप कुछ स्तर पर हेराफेरी में लगे रहेंगे। कभी-कभी आपके मन में वास्तव में किसी प्रकार का सकारात्मक परिणाम हो सकता है; हालाँकि, झूठ बोलने की आपकी इच्छा एक गुप्त उद्देश्य को प्रकट करती है। गुमराह करने की इच्छा स्वयं एक गुप्त उद्देश्य है। यह जटिल हो सकता है, इसलिए आइए इसे सीधा रखें: जब परिणाम और रणनीति के लिए आपका उद्देश्य सकारात्मक और निष्पक्ष हो, तो हम आपके संचार को अनुनय के रूप में वर्गीकृत कर सकते हैं। किसी भी समय जब आपकी इच्छा खुद को नुकसान पहुंचाने या अपने लक्ष्य से आगे बढ़ने की होती है, किसी भी तरह से संचार के साथ गुमराह करने या अनुचित खेलने की होती है, या संचार के साथ अनुचित खेलने की होती है तो यह हेरफेर के रूप में परिभाषित होने की सीमा तक पहुंच जाता है।

अध्याय 2: डार्क साइकोलॉजी का परिचय

डार्क मनोविज्ञान कैसे काम करता है और इसके तरीके आपके विरुद्ध कैसे काम करते हैं, इस पर चर्चा करने से पहले, यह आवश्यक है कि हम पहले यह समझें कि मनोविज्ञान के इस रूप में वास्तव में क्या शामिल है। मनोविज्ञान, या यह समझना कि मानव मस्तिष्क कैसे कार्य करता है, दैनिक जीवन का एक अनिवार्य हिस्सा निभाता है - विज्ञापन और वित्त, अपराध और धर्म से, यहां तक कि नफरत से लेकर प्यार तक; इस प्रकार यह प्रदर्शित होता है कि इसके सिद्धांतों को समझना मानव प्रभाव पर इतनी शक्ति क्यों रखता है।

मनोविज्ञान एक कठिन कार्य हो सकता है, जो बताता है कि अधिकांश लोगों में इस कौशल की कमी क्यों है। सभी अलग-अलग सिद्धांतों को सीखना आवश्यक नहीं है - एक ठोस आधार बनाने के लिए बस इन पाठों से शुरुआत करें। लोगों को सटीक रूप से पढ़ना, यह समझना कि उन्हें क्या प्रभावित करता है और अप्रत्याशित तरीके से उनकी प्रतिक्रियाएँ महत्वपूर्ण हैं। फिर भी, पूरी समझ हासिल करने के लिए कक्षाएं लेना और अनगिनत किताबें पढ़ना आवश्यक हो सकता है - यह इस पर निर्भर करता है कि आपकी समझ कितनी दूर तक फैली हुई है।

तो मनोविज्ञान और मानव मनोविज्ञान को समझना इतना आवश्यक क्यों है? क्योंकि जो लोग अधिक जानते हैं वे उस शक्ति का उपयोग आपके विरुद्ध कर सकते हैं।

आज डार्क साइकोलॉजी का उपयोग कैसे किया जाता है?

जबकि कुछ लोग अपने शिकार को नुकसान पहंचाने के इरादे से डार्क साइकोलॉजी रणनीति का उपयोग कर सकते हैं, अन्य लोग किसी भी नकारात्मक तरीके से किसी के साथ छेड़छाड़ किए बिना इन रणनीतियों का उपयोग कर सकते हैं। इनमें से कुछ रणनीतियाँ पहली बार प्रथम विश्व युद्ध के दौरान लोकप्रिय हुईं।
अनजाने में या जानबूझकर, हमारे टूलबॉक्स का विस्तार विभिन्न माध्यमों से हुआ है जैसे:

* एक बच्चे के रूप में, आपने देखा होगा कि वयस्क कैसे व्यवहार करते हैं, विशेषकर आपके करीबी लोगों का।

* एक किशोर के रूप में, आपके आसपास के व्यवहारों को समझने के मामले में आपका दिमाग विस्तृत हो गया था।

* आप दूसरों को विशिष्ट युक्तियों का उपयोग करते और फिर उन्हें सफलतापूर्वक लागू करते हुए देखने में सक्षम थे।

* सबसे पहले, आपकी रणनीति का उपयोग आकस्मिक हो सकता है; लेकिन जैसे ही उन्होंने आपके इच्छित लक्ष्यों को प्राप्त करने के लिए काम करना शुरू किया, वे आपकी जानबूझकर की गई रणनीति का हिस्सा बन जाएंगे।

* राजनेताओं, सार्वजनिक वक्ताओं और बिक्रीकर्ताओं को अपने वांछित लक्ष्यों को प्राप्त करने के लिए इन युक्तियों में प्रशिक्षित किया गया होगा।

डार्क साइकोलॉजी युक्तियाँ जो दैनिक रूप से अपनाई जाती हैं

* लव फ्लडिंग: लव फ्लडिंग का तात्पर्य किसी भी प्रकार से लोगों को अपने इच्छित अनुरोध को पूरा करने के लिए प्रेरित करना है। उदाहरण के लिए, यदि आपको अपने घर में कुछ सामान ले जाने के लिए किसी की मदद की ज़रूरत है, तो प्यार भरी बाढ़ उन्हें मदद करने के बारे में अच्छा महसूस करा सकती है - इससे संभावना बढ़ जाती है कि वे इसका अनुपालन करेंगे। डार्क मैनिपुलेटर्स इस तरह से प्यार की बाढ़ का उपयोग कर सकते हैं ताकि उन्हें जुड़ाव महसूस हो या वे ऐसे कार्य करें जो वे सामान्य रूप से नहीं करते।

* झूठ बोलना: झूठ बोलने का मतलब है कि आप जो चाहते हैं उसे पूरा करने के प्रयास में अपने शिकार को घटनाओं के झूठे या अलंकृत संस्करण प्रदान करना। झूठ बोलने में वांछित परिणाम प्राप्त करने के लिए सच्चाई का केवल एक हिस्सा बताना या अतिरंजित दावे करना शामिल हो सकता है।

* प्यार से इनकार: हेरफेर का एक रूप जो अपने शिकार को खोया हुआ महसूस करा सकता है और उसके जोड़-तोड़कर्ता द्वारा त्याग दिया जा सकता है, स्नेह या प्यार को तब तक रोकना है जब तक कि आप उनसे वांछित परिणाम प्राप्त नहीं कर लेते।

* वापसी: जब ऐसा होता है, तो पीड़ित को या तो मौन उपचार मिलता है या तब तक उससे बचा जाता है जब तक कि वह किसी अन्य व्यक्ति की जरूरतों को पूरा नहीं कर लेता।

* विकल्पों को सीमित करना: एक जोड़-तोड़कर्ता अपने शिकार को कुछ विकल्पों तक पहुंच प्रदान कर सकता है ताकि उनका ध्यान उन विकल्पों से भटका सके जो वे नहीं चाहते कि वे बनाएं।

* सिमेंटिक मैनिपुलेशन: इस रणनीति में, एक मैनिपुलेटर बातचीत के दौरान अपने शिकार को भ्रमित करने के लिए सामान्य रूप से समझी जाने वाली परिभाषाओं वाले शब्दों का उपयोग करता है और फिर बाद में खुलासा करता है कि जब उन्होंने उस शब्द का उपयोग किया था तो उनका मतलब कुछ अलग था; अक्सर इससे इसकी पूरी परिभाषा बदल जाती है और इससे उनकी वांछित बातचीत आगे बढ़ सकती है, भले ही उनके शिकार को धोखा दिया गया हो।

* रिवर्स साइकोलॉजी: रिवर्स साइकोलॉजी तब होती है जब आप किसी को केवल एक कार्य करने के लिए हेरफेर करते हैं ताकि वे दूसरे तरीके से कार्य करें, यह अच्छी तरह से जानते हुए कि यह वही है जो मैनिपुलेटर हमेशा से चाहता था।

जानबूझकर काली रणनीतियाँ कौन अपनाएगा?

कई अलग-अलग लोग आपके विरुद्ध डार्क साइकोलॉजी युक्तियों का उपयोग कर सकते हैं, जिनमें यहां पाई जाने वाली युक्तियां शामिल हो सकती हैं। चूँकि ये लोग आपके विरुद्ध इन काली युक्तियों का उपयोग करने का प्रयास कर सकते हैं, इसलिए यह महत्वपूर्ण है कि आप सीखें कि उनके दृष्टिकोण को कैसे पहचानें और उनसे दूर रहें। संभावित स्रोतों में शामिल हैं:

नार्सिसिस्ट: जो व्यक्ति अपने स्वयं के मूल्य की अतिरंजित भावना रखते हैं, वे अक्सर चाहते हैं कि दूसरे भी यह विश्वास करें कि वे श्रेष्ठ हैं। इस इच्छा को संतुष्ट करने के लिए, वे अपने संपर्क में आने वाले हर व्यक्ति से पूजनीय प्रशंसा प्राप्त करने के लिए अनुनय और गुप्त मनोविज्ञान तकनीकों का उपयोग कर सकते हैं।
* सोशियोपैथ: सोशियोपैथ के पास आकर्षक, बुद्धिमान और प्रेरक गुणों का एक प्रभावशाली शस्त्रागार है; फिर भी वे जो चाहते हैं उसे पाने के लिए आवश्यक होने पर ही इस तरह से कार्य करते हैं। साहचर्यवाद का अर्थ है कि व्यक्तिगत लाभ के लिए डार्क साइकोलॉजी तकनीकों का उपयोग करने के लिए उनमें अपराधबोध महसूस करने की कोई भावना नहीं है - जिसमें ऐसा करने के लिए आवश्यकतानुसार सतही संबंध बनाना भी शामिल है।

* राजनेता: राजनेता मतदाताओं को समर्थन देने के लिए उन्हें प्रभावित करने के लिए अंधेरे मनोविज्ञान का उपयोग कर सकते हैं और उन्हें यह विश्वास दिला सकते हैं कि उनका दृष्टिकोण सही है।

* विक्रेता: सभी विक्रेता आपके विरुद्ध गुप्त रणनीति का उपयोग नहीं करते हैं; हालाँकि, जो लोग अपनी बिक्री संख्या हासिल करने के लिए समर्पित हैं, वे लोगों को हेरफेर करने और मुनाफा बढ़ाने के लिए गुप्त अनुनय का उपयोग कर सकते हैं।

* नेता: टीम के सदस्यों, अधीनस्थों और नागरिकों को उनकी इच्छा के अनुपालन में हेरफेर करने के लिए नेताओं द्वारा डार्क मनोविज्ञान तकनीकों का लंबे समय से उपयोग किया जाता रहा है।

* स्वार्थी लोग: स्वार्थी लोगों को ऐसे किसी भी व्यक्ति के रूप में परिभाषित किया जा सकता है जो किसी और की जरूरतों से पहले अपनी जरूरतों को प्राथमिकता देता है, बिना इस बात की परवाह किए कि इससे उनके आसपास के लोगों पर किसी तरह का प्रभाव पड़ेगा या नहीं। जहां श्रेय दिया जाना है वहां वे दूसरों को श्रेय देने की चिंता नहीं करेंगे ताकि वे स्वयं लाभान्वित हो सकें; जब तक यह स्थिति उनके पक्ष में काम करती है, इससे कोई फर्क नहीं पड़ता कि कौन हारता है, लेकिन अगर कोई नकारात्मक रूप से प्रभावित होता है तो वह संभवतः किसी और के बजाय वे ही होंगे।

यह सूची दो महत्वपूर्ण कार्य करती है. सबसे पहले, यह उन लोगों के बारे में आपकी जागरूकता बढ़ाने में मदद करेगा जो आपको उन कामों में हेरफेर करने का प्रयास कर

सकते हैं जो आप नहीं करना चाहते हैं, जबकि यह आपसे कुछ हासिल करने की चाहत रखने वाले लोगों पर नज़र रखकर आत्म-प्राप्ति में सहायता कर सकता है।
इस पुस्तक का एक प्रमुख लक्ष्य आपको अंधेरे मनोविज्ञान से लैस करना और खुद को सुरक्षित रखने में मदद करना है।

मानसिक हेरफेर एक ऐसा शब्द है जो अक्सर सोशल मीडिया और मुख्यधारा के संचार प्लेटफार्मों पर सुना जाता है, अक्सर बड़े सार्वजनिक कार्यक्रमों, राजनीतिक अभियानों या विज्ञापन रणनीतियों के संबंध में। अधिकांश व्यक्ति समझते हैं कि "मानसिक हेरफेर" का क्या अर्थ है, लेकिन उन्हें इसकी परिभाषा और दायरे की पूरी जानकारी नहीं हो सकती है।

मानसिक हेरफेर में दूसरे व्यक्ति के विचारों को आकार देना और उनमें हेरफेर करना शामिल है ताकि उन्हें वह करने के लिए प्रभावित किया जा सके जो आप उनसे चाहते हैं। चालाकी करने वाला धोखेबाज़ या अनैतिक तरीकों से दूसरों को प्रभावित करता है।

हेरफेर का तात्पर्य आम तौर पर अपने लक्ष्यों पर कुछ हद तक बल लगाना है; यानी, लक्ष्य के विरोध के बावजूद जोड़-तोड़ करने वाले अपने लक्ष्य को वह करने के लिए मजबूर करने का प्रयास करेंगे जो वे चाहते हैं।

अब, जब मैं फिल्मों की तरह लोगों का ब्रेनवॉश करने की बात करता हूं, तो मेरा मतलब अपहरण और ब्रेनवॉश तकनीकों का उपयोग करना नहीं है जैसा कि अक्सर दिखाया जाता है। मैं जो चर्चा कर रहा हूं वह सूक्ष्म तकनीकें और रणनीतियां हैं जिनका उपयोग दूसरों को एक बात समझाने के लिए किया जाता है, बिना उन्हें पता चले कि उन्हें नियंत्रित किया जा रहा है।

दरअसल, मास्टर मैनिपुलेटर्स ऐसा प्रतीत करते हैं मानो लोग बाहरी उकसावे के कारण नहीं बल्कि अपने दम पर कार्य कर रहे हैं। फिर भी, हेरफेर में कुछ ताकत शामिल है - उदाहरण के लिए, टेलीविजन स्टेशन आपको प्रायोजकों के उत्पादों या सेवाओं को खरीदने के लिए प्रोत्साहित करने के लिए उनकी प्रोग्रामिंग और विज्ञापन देखने के लिए मजबूर करते हैं।

हालाँकि, इस उदाहरण में, जबरदस्ती से आसानी से बचा जा सकता है:

बस चैनल स्विच करें. हालाँकि, प्रोग्रामिंग और विज्ञापन इस तरह से डिज़ाइन किया गया है कि आप ऐसा नहीं करना चाहेंगे।

हेरफेर के अन्य रूप कहीं अधिक प्रत्यक्ष हो सकते हैं। राजनीतिक दल और उम्मीदवार अक्सर "सर्वश्रेष्ठ उम्मीदवार के लिए वोट करें" और "यदि आप उनके भविष्य को महत्व देते हैं तो अमुक को वोट दें" जैसी कार्रवाई के माध्यम से अपना प्रचार करते हैं। राजनीतिक अभियान विज्ञापनों पर अनुनय-विनय के ऐसे प्रत्यक्ष प्रयास अक्सर देखे जाते हैं।

इसीलिए इस पुस्तक का पहला भाग हेरफेर के सामान्य रूपों को समझने और पहचानने पर केंद्रित है। मैं पूरे ग्रह पर मानव मस्तिष्क को नियंत्रित करने की कोशिश करने वाले किसी

प्रकार के गुप्त गिरोह का उल्लेख नहीं कर रहा हूँ; बल्कि, प्रशिक्षित व्यक्ति आपको अपने एजेंडे में शॉमिल करने के लिए आपकी राय को प्रभावित करने का प्रयास कर सकते हैं।

एक बार जब आप उनकी तकनीकों को समझ लेते हैं, तो न केवल आप खुद को और अपने प्रियजनों को बाहरी प्रभावों से बचा सकते हैं, बल्कि आप अपने एजेंडे को सफलतापूर्वक बढ़ावा देने में भी सक्षम हो सकते हैं। हालाँकि मैं किसी को भी वहाँ जाने और इन तकनीकों का उपयोग करके सीधे संपर्क में आने वाले लोगों को प्रभावित करने के लिए प्रोत्साहित नहीं कर रहा हूँ; बल्कि अपने आप को जीवन में वह बढ़त देने के लिए जब आवश्यक हो तो इन युक्तियों का उपयोग करें।

आराम करना; हम एक असाधारण साहसिक यात्रा पर निकलने वाले हैं। तो बस आराम से बैठें और यात्रा करें।

अध्याय 3: आज डार्क साइकोलॉजी का उपयोग क्यों और कैसे किया जाता है?

हालाँकि कई व्यक्ति दुर्भावनापूर्ण इरादे से डार्क साइकोलॉजी युक्तियों का उपयोग करते हैं, आप किसी और को नुकसान पहुँचाए बिना भी उनका उपयोग कर सकते हैं। इनमें से कुछ तकनीकें या तो अनजाने में या जानबूझकर विभिन्न परिस्थितियों के कारण हमारे टूलबॉक्स में जोड़ दी गईं, जिनमें शामिल हैं:

एक बच्चे के रूप में, आप अपने आस-पास के वयस्कों के व्यवहार और उनकी बातचीत का अवलोकन करेंगे।

* एक किशोर के रूप में, आपका दिमाग और आपके आस-पास के व्यवहार को समझने की क्षमता काफी तेज हो गई थी।

* आप दूसरों को विशिष्ट रणनीति का उपयोग करते और सफलतापूर्वक कार्यान्वित करते हुए देखने में सक्षम थे।

* सबसे पहले, कुछ युक्तियों का उपयोग करना अनजाने में हो सकता है। लेकिन एक बार जब आप जो चाहते हैं उसे पाने में वे अपनी योग्यता साबित कर देते हैं, तो वे आपके व्यापार के जानबूझकर उपकरण बन सकते हैं।

* राजनेता, सार्वजनिक वक्ता या विक्रेता अक्सर अपने वांछित लक्ष्यों को प्राप्त करने के लिए इस तरह की तकनीक सीखते हैं।

डार्क साइकोलॉजी युक्तियाँ जिन्हें नियमित आधार पर नियोजित किया जा सकता है

* प्रेम की बाढ़: प्रेम की बाढ़ में दूसरों को अपने अनुरोध का अनुपालन करने के लिए मनाने के लिए चापलूसी का उपयोग करना शामिल है। उदाहरण के लिए, यदि आप चाहते हैं कि कोई अन्य व्यक्ति आपके घर में सामान ले जाने में मदद करे, तो लव फ्लडिंग का उपयोग करने से ऐसा करने की उनकी संभावना बढ़ सकती है और आपका काम आसान हो सकता है। एक डार्क मैनिपुलेटर अपने लक्ष्य के विरुद्ध लाभ प्राप्त करने के लिए इस तरीके से प्रेम बाढ़ का उपयोग कर सकता है।
उन्हें अपने करीब होने का एहसास कराएं, फिर उन्हें ऐसे काम करने के लिए मनाएं जिन्हें वे अन्यथा करने से परहेज करते।

* झूठ बोलना: झूठ बोलने का मतलब है कि जो आप चाहते हैं उसे पूरा करने के लिए किसी और को झूठी या अलंकृत जानकारी प्रदान करना, जैसे कि वे जो चाहते थे उसे पूरा करने के उद्देश्य से आंशिक सत्य या अतिशयोक्ति बताना।

* प्यार से इनकार: प्यार से इनकार अपने पीड़ितों के लिए विनाशकारी हो सकता है क्योंकि यह उन्हें जोड़-तोड़ करने वाले द्वारा त्याग दिया गया महसूस कराता है। अनिवार्य रूप से,

इसमें स्नेह और प्यार को तब तक रोकना शामिल है जब तक कि आप उनसे वह हासिल नहीं कर लेते जो आप चाहते थे।

* वापसी: जब यह युक्ति किसी पर लागू की जाती है, तो उन्हें मौन उपचार प्राप्त हो सकता है या तब तक टाला जा सकता है जब तक कि उनकी ज़रूरतें दूसरों द्वारा पूरी नहीं हो जातीं।

* विकल्पों पर प्रतिबंध: जोड़-तोड़ करने वाले अपने शिकार को कुछ विकल्प प्रदान कर सकते हैं ताकि उनका ध्यान उन विकल्पों को बनाने से भटका सके जो उन्हें पसंद नहीं हैं।

* शब्दार्थ हेरफेर: यह रणनीति उन शब्दों का उपयोग करती है जिनकी बातचीत के पक्षों के बीच व्यापक रूप से स्वीकृत परिभाषाएँ हैं; फिर बाद में पीड़ित को बताएं कि बातचीत में उक्त शब्द का उपयोग करने का उनका मतलब कुछ और था। इसकी परिभाषा बदलने से अक्सर संवाद उस तरीके से बदल जाता है जिस तरह से जोड़-तोड़ करने वाला किसी को अपनी इच्छा के आगे धोखा देने के बावजूद चाहता है।

* विपरीत मनोविज्ञान: जब किसी को एक ही तरीके से कार्य करने के लिए कहा जाता है, इस उम्मीद के साथ कि वे वास्तव में अलग तरह से प्रतिक्रिया देंगे, केवल यह कि सब कुछ हेरफेर करने वाले के इरादे से अलग हो जाए। संक्षेप में, रिवर्स साइकोलॉजी ठीक उसी तरह काम करती है जैसे इसके नाम का तात्पर्य है: लोगों को उस तरीके से व्यवहार करने के लिए प्रेरित करना जो जोड़-तोड़ करने वाला चाहता है।

जानबूझकर छाया रणनीति का प्रयोग कौन करेगा?

ऐसे कई लोग हो सकते हैं जो आपके खिलाफ ब्लैकमेल कर रहे हों और आपके जीवन के विभिन्न पहलुओं में सामने आ सकते हैं, जिससे उनकी उपस्थिति बेहद खतरनाक हो सकती है।
अंधेरे मनोविज्ञान की रणनीति से बचना सीखना जरूरी है, और ऐसी रणनीतियों का उपयोग करने वाले व्यक्तियों के कुछ उदाहरणों में शामिल हैं:

*नार्सिसिस्ट: ये व्यक्ति अक्सर अपने बारे में बढ़े हुए विचार रखते हैं और उन्हें इस वास्तविकता के बारे में दूसरों को समझाने की आवश्यकता होती है। अपने मिलने वाले हर व्यक्ति द्वारा पूजे जाने और सम्मान पाने की अपनी इच्छा को पूरा करने के लिए, ये आत्ममुग्ध लोग इस अंतिम लक्ष्य तक पहुंचने के लिए अनुनय और अंधेरे मनोविज्ञान तकनीकों का सहारा लेते हैं।

* सोशियोपैथ: सोशियोपैथ में आकर्षण, बुद्धिमत्ता और अनुनय की भावना होती है - लेकिन केवल वे जो चाहते हैं उसे पाने के लिए। चूँकि उनमें अपने किए पर कोई भावना या पछतावा नहीं होता, इसलिए वे जो चाहते हैं उसे हासिल करने के लिए डार्क साइकोलॉजी तकनीकों - जिसमें सतही रिश्ते भी शामिल हैं - का उपयोग करना उनके लिए कोई मुद्दा नहीं है।

* राजनेता: अंधेरे मनोविज्ञान का उपयोग करते हुए, राजनेता मतदाताओं को उनके दृष्टिकोण की श्रेष्ठता के बारे में आश्वस्त करके उन्हें वोट देने के लिए मना सकते हैं।

* सेल्सपर्सन: सभी सेल्सपर्सन आपके खिलाफ गुप्त रणनीति का उपयोग नहीं करते हैं, लेकिन जो लोग अपनी सेल्स संख्या हासिल करने पर ध्यान केंद्रित करते हैं, वे दूसरों को हेरफेर करने और तेजी से परिणाम प्राप्त करने के लिए अनुनय तकनीकों का उपयोग कर सकते हैं।

* नेता: टीम के सदस्यों, अधीनस्थों और नागरिकों को अपनी इच्छानुसार कार्य करने के लिए प्रभावित करने के लिए नेताओं द्वारा डार्क साइकोलॉजी तकनीकों का लंबे समय से उपयोग किया जाता रहा है।

* स्वार्थी लोग: स्वार्थी व्यक्तियों में वे लोग शामिल होते हैं जो अपनी जरूरतों को दूसरों की जरूरतों से पहले रखते हैं। ये लोग आम तौर पर इस बात से परेशान नहीं होते हैं कि किसी भी स्थिति में किसे फायदा होता है, जब तक कि इससे मुख्य रूप से खुद को ही फायदा होता है - अगर इसका मतलब है कि दूसरों को कम मिलता है, तो यह ठीक है - लेकिन जब भी एक पार्टी हारती है, तो संभवतः यह दूसरा नहीं बल्कि वे ही होंगे।
यह सूची दो कार्य करती है. सबसे पहले, यह आपको उन लोगों के प्रति अधिक जागरूक बनाने में मदद करेगा जो आपको ऐसे काम करने के लिए प्रेरित करने का प्रयास करते हैं जो आप नहीं करना चाहते हैं; दूसरे, यह आत्म-साक्षात्कार में सहायता कर सकता है। इस पुस्तक का एक मुख्य लक्ष्य यह है कि आप बिना किसी नकारात्मक प्रभाव पर विचार किए उन लोगों को पहचानें जो आपसे कुछ चाहते हैं; इस तरह आप अंधेरे मनोविज्ञान से अपनी रक्षा कर सकते हैं।

हमारे जीवन को कौन नियंत्रित करता है समाज के भीतर हेरफेर के लंबे इतिहास को देखना दिलचस्प है। अनुनय के बारे में अधिक जानने से आप इससे निपटने में बेहतर ढंग से सुसज्जित हो सकेंगे।

यह अध्याय हमें हेरफेर की एक संक्षिप्त झलक देगा क्योंकि यह जीवन और वाणिज्य पर लागू होता है। यह समझने से कि हेरफेर कहां मौजूद हो सकता है और कौन आपको हेरफेर करने का प्रयास करता है, हम अपने दैनिक जीवन में इसकी व्यापकता का अंदाजा लगाएंगे और उन लोगों की पहचान करेंगे जो हमें हेरफेर करने का प्रयास करते हैं। हेरफेर करने वाला हर व्यक्ति आवश्यक रूप से दुर्भावनापूर्ण नहीं होता है - कभी-कभी लोग इसके विपरीत कार्य कर सकते हैं जो वे वास्तव में हैं या यहां तक कि खुद को इसका एहसास हुए बिना भी! वाणिज्यिक उद्यम ग्राहकों को अपने उत्पादों और सेवाओं को खरीदने के लिए प्रोत्साहित करने के लिए अनुनय तकनीकों का उपयोग करते हैं - ऐसी युक्तियों को पहचानने से हमें बेहतर सफलता के साथ ऐसी युक्तियों से निपटने में सहायता मिलेगी!

व्यक्तियों के रूप में, हम यह विश्वास करना पसंद करते हैं कि हम जीवन में जिम्मेदार विकल्प चुनते हैं। दुर्भाग्य से, हमेशा पूर्ण नियंत्रण में नहीं - विशेष रूप से जब बच्चे अपने माता-पिता से प्रभावित होते हैं जिनका हमारे पालन-पोषण पर कोई सीधा अधिकार नहीं

होता। एक बार जब हम शिक्षा प्रणाली में प्रवेश करते हैं, तो हम और भी अधिक चालाक हो जाते हैं। शिक्षक समाज में हमसे सामाजिक मानदंडों और अपेक्षाओं के बारे में निर्देश देते हैं; बाद में वयस्कों के रूप में हम उन राजनेताओं से छेड़छाड़ के प्रति भी संवेदनशील हो सकते हैं जो अपने उद्देश्यों के लिए वोट जीतने की उम्मीद करते हैं। कई लोगों को भविष्य के लिए किए गए वादों के आधार पर कुछ पार्टियों को वोट देने के लिए राजी किया जाता है, भले ही वे उनकी सभी नीतियों का समर्थन नहीं करते हों। यह राजनेताओं को हमारे जीवन पर अधिकार देता है - क्या हम वास्तव में प्रभारी हैं या बस हमें मना लिया गया है?

बाद में इस पुस्तक में, हम गुप्त और प्रत्यक्ष दोनों प्रकार की चालाकीपूर्ण युक्तियों की जाँच करेंगे। सबसे पहले और सबसे महत्वपूर्ण, आपको यह पहचानने की ज़रूरत है कि कब आपके साथ छेड़छाड़ की जा रही है ताकि आप इसका प्रतिकार कर सकें; विशेषज्ञों ने हमारे बीच इस प्रकार के व्यवहार पर अपने दृष्टिकोण प्रदान किए हैं।

हेरफेर की कला को पहचानना

हमें अपने दैनिक जीवन में कहाँ सावधान रहना चाहिए?

प्रेरक भाषा इसकी तस्वीरें हजारों कहानियाँ कहती हैं; शब्द हमें प्रेरित करने में और भी अधिक प्रभावशाली होते हैं, कभी-कभी हेरफेर की हद तक भी। क्या आप कभी किसी ऐसे वक्ता से प्रेरित हुए हैं जिसका नाटकीय भाषण आपको कार्य करने के लिए प्रेरित करता हो? और शब्द किसी महान पुस्तक में पूरी तरह खो जाने पर भी हमें प्रभावित करते हैं; शब्दों में वह शक्ति होती है जो हमें किसी बात पर विश्वास करने के लिए बाध्य करती है, तब भी जब हमारी इंद्रियाँ हमें अन्यथा बताती हैं! संचार को एक शक्तिशाली शक्ति के रूप में प्रभावी ढंग से इस्तेमाल किया जा सकता है जब लोगों को वह काम करने के लिए राजी किया जाता है जो वे अन्यथा नहीं कर पाते।

* विज्ञापनदाता और विक्रेता हमें समझाने के लिए भाषा का उपयोग करते हैं कि उनका सामान बिल्कुल वही है जिसकी हमें आवश्यकता है - जैसे शब्दों का उपयोग करना जैसे:

खरीदने की सामर्थ्य; सुविधाजनक; आनंददायक; समय की बचत और संतुष्टि की गारंटी।

ध्यान दें कि ये सभी शब्द हमें कैसे विश्वास दिलाते हैं कि उन्हें अपने उत्पाद या सेवा पर भरोसा है।

राजनेता अक्सर इस प्रकार की भाषा का प्रयोग करते हैं:

"हम" - आपको उनकी दुनिया में आमंत्रित करने के लिए।

अपने आप को हमारी टीम का हिस्सा महसूस कराएं

संचार की इन रणनीतियों का उद्देश्य हमें सम्मिलित और महत्वपूर्ण महसूस कराना है।

धमकाने वाले अपने निजी एजेंडे को हासिल करने के लिए शब्दों और आक्रामक व्यवहार दोनों का इस्तेमाल करते हैं।

मनोरोगी, समाजोपचारी और आत्ममुग्ध लोग जैसे आपराधिक शिकारी किसी अन्य व्यक्ति पर नियंत्रण के लिए प्रेरक भाषा का उपयोग करते हैं। मनोवैज्ञानिक हेरफेर पर छह सिद्धांत हैं; 1 संज्ञानात्मक पूर्वाग्रह सिद्धांत की यहां एक संभावित रूप के रूप में जांच की गई थी।

अनुनय के संबंध में विभिन्न मनोवैज्ञानिक प्रक्रियाएं और सिद्धांत हैं जो व्यापक रूप से मान्यता प्राप्त हो गए हैं, उनमें से एक है 1968 का एंथोनी ग्रीनवाल्ड का संज्ञानात्मक प्रतिक्रिया मॉडल जो आज भी अनुनय के कारकों को निर्धारित करने के साथ-साथ विज्ञापन के भीतर बड़े पैमाने पर उपयोग किए जाने में अपना महत्व साबित करता है।

ग्रीनवाल्ड का प्रस्ताव है कि अनुनय की सफलता शब्दों पर नहीं बल्कि भावनाओं पर निर्भर करती है; हम कितनी आसानी से अपनी बात मनवा लेते हैं, इसमें शब्दों से ज़्यादा भावनाएँ बड़ी भूमिका निभाएँगी।

किसी व्यक्ति के व्यक्तित्व के आधार पर आंतरिक विचारों में सकारात्मक और नकारात्मक दोनों पहलू शामिल होंगे। यह कोई सीखने की प्रक्रिया नहीं है, बल्कि इससे अधिक इस बारे में है कि क्या कोई पहले से ही किसी संदेश को अनुकूल या प्रतिकूल अनुभूति (अनुभूति) के साथ देखता है।

प्रतिवादों को प्रभावी ढंग से संबोधित करने के लिए प्रेरकों को अपनी विशेषज्ञता पर भरोसा करना चाहिए, और अपने लक्ष्य को उनमें से किसी को भी विकसित करने के लिए पर्याप्त समय देने से रोकना चाहिए। इसके अलावा, प्रेरक को सकारात्मक तर्कों को अधिक तत्परता से उभरने के लिए प्रोत्साहित करना चाहिए ताकि उसकी सफलता दर बढ़ सके - इससे "अनुनय प्रभाव" बढ़ता है।

यदि लक्ष्य को पहले से चेतावनी दी गई हो कि आप क्या कहना चाहते हैं तो अनुनय अधिक चुनौतीपूर्ण हो जाता है; यदि आपका "संदेश" उनके वर्तमान विश्वास के विपरीत जाता है तो यह उन्हें प्रतिवाद विकसित करने की अनुमति देता है। 1977 में रिचर्ड ई. पेटी द्वारा किए गए शोध ने इस बात को साबित कर दिया: इससे पता चला कि जिन छात्रों को किसी घटना के बारे में सूचना दी गई थी, उनके पूर्व चेतावनी न देने वाले छात्रों की तुलना में आश्वस्त होने की संभावना कम थी।

2 पारस्परिकता

अनुनय के प्रति हमारी संवेदनशीलता को समझाने में मदद करने के लिए एक अच्छी तरह से शोध किया गया सिद्धांत सामाजिक सम्मेलनों पर आधारित पारस्परिकता के नियम के अंतर्गत आता है। यदि कोई आप पर उपकार करता है या आपके लिए कुछ अच्छा करता है, तो इस बात की अधिक संभावना है कि आप किसी न किसी रूप में उस उपकार का बदला चुकाने के लिए बाध्य महसूस करेंगे।

अवचेतन रूप से, पारस्परिकता भी खेल में आ सकती है। इसे साकार किए बिना, आप किसी के द्वारा आपसे किए गए अनुरोध को पूरा करने या उपकार करने के लिए सहमत हो सकते हैं क्योंकि एक समय उन्होंने आपके लिए कुछ किया था और आप इसके लिए बाध्य महसूस करते हैं; भले ही उनका अनुरोध आम तौर पर आपको ना कहने पर मजबूर कर दे।

बिक्री बढ़ाने की कोशिश करते समय कंपनियां अक्सर इस रणनीति पर भरोसा करती हैं। नि:शुल्क नमूनों या समय-सीमित परीक्षणों की पेशकश करके, व्यवसायों को उम्मीद है कि ग्राहक एहसान वापस करने और अनुबंध खरीदने या नवीनीकृत करने के लिए बाध्य महसूस करेंगे।

पारस्परिकता एक सुस्थापित मनोवैज्ञानिक प्रक्रिया है। यह एक अनुकूली व्यवहार है जिसने अतीत में हमारे जीवित रहने की संभावना बढ़ा दी होगी; दूसरों की मदद करके, आप संभावनाएँ बढ़ाते हैं कि एक दिन वे आपकी मदद करेंगे। लेकिन पारस्परिकता के अपने नकारात्मक पहलू भी हो सकते हैं: जब कोई हमारे साथ गलत करता है, तो बदला लेने की हमारी प्रवृत्ति भी हमें प्रेरित कर सकती है।

अकादमिक शोध पारस्परिकता के नियम का पुरजोर समर्थन करता है। बर्गर एट अल (2009) ने शोध किया जिसमें दिखाया गया कि कैसे प्रतिभागियों के अनुरोधों पर सहमत होने की संभावना अधिक होती है जब अनुरोधकर्ता ने अतीत में उन पर एहसान किया हो।

सूचना हेरफेर के तरीके 3

किसी भी जोड़-तोड़कर्ता के टूलबॉक्स में धोखा देना प्राथमिक उपकरणों में से एक है। इसमें अपने पीड़ित को अधूरी या भ्रामक जानकारी प्रदान करना शामिल है, ताकि उनके सोचने के तरीके को असंतुलित किया जा सके और उन्हें असुरक्षित छोड़ा जा सके। हेरफेर में प्रेरक और जोड़-तोड़ करने वाले के रूप में जानबूझकर शारीरिक भाषा का उपयोग करना भी शामिल है।
मैककॉर्निक का सिद्धांत चार सिद्धांतों की गणना करता है जो सत्य कथनों को परिभाषित करते हैं; इनमें से कोई भी विचलन संदेश को जानबूझकर भ्रामक बना देगा। इन कहावतों में शामिल हैं:

मात्रा
मात्रा प्रस्तुत जानकारी की "राशि" को संदर्भित करती है। हममें से अधिकांश केवल पर्याप्त डेटा प्रस्तुत करने का प्रयास करते हैं ताकि प्राप्तकर्ता बहुत अधिक या बहुत कम प्रदान किए बिना हमारे संदेश को पूरी तरह से समझ सके; बहुत कम भ्रम पैदा कर सकता है; बहुत ज़्यादा भारी पड़ सकता है. हालाँकि, एक जोड़-तोड़ करने वाला उस मात्रा के साथ कुछ ऐसे टुकड़ों को छोड़कर खेलेगा जिन्हें वे अप्रासंगिक मानते हैं यदि ऐसा करने से उनके तर्क के विरुद्ध काम करने की संभावना है और इस अभ्यास को "चूक से झूठ बोलना" के रूप में जाना जाता है।

गुणवत्ता का तात्पर्य दी गई जानकारी की सटीकता से है। सच्चा संचार प्राप्त करना उच्च गुणवत्ता वाला माना जाता है; अन्यथा, प्राप्तकर्ता जानबूझकर गलत सच सुनेंगे - या सरासर झूठ - जोड़-तोड़ करने वाले की शक्ति हासिल करने के इरादे से।

रिश्ता

यहां हम संदेश के लिए जानकारी की "प्रासंगिकता" पर चर्चा करते हैं। किसी अजीब सवाल को टालने या अपनी कमजोरियों को अस्पष्ट करने के लिए, जोड़-तोड़ करने वाले अक्सर विषय को भ्रामक विषयों से बदल देते हैं ताकि जिस चीज पर वास्तव में चर्चा की जरूरत है उससे ध्यान भटकाया जा सके या गलत दिशा में निर्देशित किया जा सके; या किसी ऐसी बात पर अत्यधिक ज़ोर देना जो उन्हें श्रोताओं पर अधिक शक्ति प्रदान करेगी।

किसी संदेश को संप्रेषित करने का ढंग। एक अभिन्न अंग शारीरिक भाषा है: सुनते समय हम विभक्तियों और चेहरे के भावों को पढ़ते हैं, जिन्हें उनके एजेंडे पर जोर देने के लक्ष्य के साथ, उनके संदेश की प्रस्तुति को गुमराह करने के लिए बढ़ा-चढ़ाकर पेश किया जा सकता है।

किसी को वश में करने या अपनी बात मनवाने के लिए झूठ बोलना कोई नई बात नहीं है; हालाँकि, आज के वैश्वीकृत परिवेश में इसकी शक्ति और अधिक शक्तिशाली हो गई है। सोशल मीडिया संचार प्लेटफॉर्म में हमेशा दो व्यक्तियों के बीच सीधे आमने-सामने संपर्क शामिल नहीं होता है, जिससे छेड़छाड़ करने वालों के लिए पत्राचार के ऐसे रूपों में जानकारी को गलत तरीके से प्रस्तुत करना या झूठ गढ़ना आसान हो जाता है।

जरूरी नहीं कि सभी हेरफेर नकारात्मक हों; कभी-कभी हमें अपने लिए अच्छे निर्णय लेने में सहायता की आवश्यकता होती है और यहीं पर नज थ्योरी काम आती है; इसकी सकारात्मक सुदृढीकरण प्रणाली परिवर्तन के लिए छोटी-छोटी बातों पर निर्भर करती है।

स्किनर के अध्ययन, या व्यवहारवाद, यह दर्शाते हैं कि यह सिद्धांत कितना उपयोगी हो सकता है। सकारात्मक सुदृढीकरण के रूप में पुरस्कार प्रदान करके, व्यवहारवाद व्यक्तियों को आप जो चाहते हैं उसके अनुसार कार्य करने के लिए प्रेरित कर सकता है।

इस उदाहरण में देखा जा सकता है कि कैसे ग्राहकों को दूसरी सबसे अधिक कीमत वाली वस्तु खरीदने के लिए अतिरिक्त दबाव दिया गया - यह सब रेस्तरां मालिक के लाभ के लिए! ग्राहकों को यह अतिरिक्त बढ़ावा दिया गया.

नज थ्योरी एक अत्यंत प्रभावी आर्थिक रणनीति हो सकती है। लेकिन इसका अनुप्रयोग व्यवहार परिवर्तन को प्रोत्साहित करने और व्यक्तिगत विकल्पों को आकार देने के लिए अर्थशास्त्र से कहीं आगे तक फैला हुआ है - यहां तक कि स्वीकृत सामाजिक मानदंडों को भी इस तकनीक के माध्यम से बदला जा सकता है।

न्यूडिंग इतनी प्रभावी रणनीति थी कि ब्रिटिश सरकार ने नीतियों को विकसित करने में मदद के लिए 2010 में एक डिपार्टमेंट बिहेवियरल इनसाइट्स टीम की स्थापना की, जिसे आमतौर पर नज यूनिट के रूप में जाना जाता था।

यद्यपि "नज़्म" का उपयोग करने से कुछ स्पष्ट लाभ हो सकते हैं, मनोवैज्ञानिक हेरफेर का उपयोग करने से किसी व्यक्ति की नागरिक स्वतंत्रता का उल्लंघन हो सकता है।

5 सामाजिक हेरफेर रणनीतियाँ

मनोवैज्ञानिक हेरफेर हेरफेर का एक रूप है जिसे अक्सर राजनेताओं या शक्तिशाली लोगों द्वारा अपने हितों को आगे बढ़ाने के लिए उपयोग किया जाता है। सबसे खराब स्थिति में, मनोवैज्ञानिक हेरफेर सामाजिक नियंत्रण के एक रूप के रूप में कार्य करता है - लोगों को जो दिया जाता है उसे स्वीकार करने के लिए मजबूर करते हुए व्यक्तित्व को छीन लेता है - हालांकि इसके सकारात्मक अनुप्रयोगों में उदाहरण के लिए स्वास्थ्य और कल्याण में सुधार शामिल है।

जो कोई भी सत्ता में है जो सामाजिक हेरफेर का उपयोग करता है वह महत्वपूर्ण मुद्दों को भटकाने के लिए ध्यान भटकाने वाली तकनीकों का उपयोग कर सकता है। वे तर्क देंगे कि उनके प्रस्ताव न केवल उनके लिए, बल्कि आपके पूरे परिवार और उसके भविष्य को लाभ पहुंचाने के लिए डिज़ाइन किए गए हैं; उनसे कोई भी मतभेद गलत और स्वार्थी माना जाँएगा - इस प्रकार का अनुनय व्यक्तियों के साथ लगभग बच्चों जैसा व्यवहार करता है; इसका लक्ष्य हर किसी को यह विश्वास दिलाना है कि जो कुछ भी गलत है वह पूरी तरह से उनकी जिम्मेदारी है, जबकि एकमात्र समाधान उन विशेषज्ञों के मार्गदर्शन को सुनना है जो बेहतर जानते हैं।

ऐसी राजनीतिक रणनीति में एक सामाजिक समस्या पर ध्यान आकर्षित करना और दूसरों पर पर्दा डालना शामिल होगा। इस रणनीति का उद्देश्य जनता के बीच सामाजिक अशांति और दहशत पैदा करना है; समाज में बेचैनी पैदा करके लोग सुधार के लिए बदलाव की मांग करने लगेंगे। इसलिए, स्वास्थ्य देखभाल के साथ अपनी समस्याओं को छिपाने के प्रयास में, एक विभाग अपराध की रोकथाम के लिए अपने बजट को कम कर सकता है, जिससे अपराध के आंकड़े आसमान छू सकते हैं और नागरिकों को यह समझाने के लिए डिज़ाइन की गई जानकारी दी जा सकती है कि वे अपराध के मुद्दों को हल करने के बारे में सबसे अच्छी तरह जानते हैं। राजनेता अपनी सच्चाई और तथ्य फैलाकर प्रचार करते हैं - ये हमेशा सटीक हो भी सकते हैं और नहीं भी; कभी-कभी वांछित प्रभाव प्राप्त करने के लिए आँकड़ों जैसी अतिरंजित जानकारी का भी दुरुपयोग किया जा सकता है। सामाजिक हेरफेर के वांछित परिणाम प्राप्त होने में वर्षों लग जाते हैं।

मनोवैज्ञानिक हेरफेर सामाजिक प्रभाव का हिस्सा है, जो हम सभी को कुछ हद तक सामाजिक कठपुतली बनाता है। हममें से अधिकांश लोग इसका एहसास किए बिना ही मनोवैज्ञानिक हेरफेर करते हैं!

जैसा कि समाज द्वारा अपेक्षा की जाती है, यह हमारी जिम्मेदारी है कि हम समाज में कलहपूर्ण अव्यवस्था से बचने के लिए इसके मानकों के अनुरूप हों और उनका पालन करें। एक क्षण के लिए विचार करें कि आप कौन सा गैजेट या गृह सुधार उत्पाद खरीदना सबसे अधिक पसंद करेंगे: क्या यह किसी मित्र, पड़ोसी द्वारा अनुशंसित कोई चीज़ है, या

ऑनलाइन प्रदर्शित है जो आपको इसके प्रति अधिक आकर्षित करती है? सामाजिक हेरफेर भी इस तरह से काम करता है: जब हम सतर्क नहीं होते तो हम आसानी से दूसरों से अपनी बात मनवा सकते हैं; इसे अच्छा या बुरा माना जाना पूरी तरह से व्यक्तिगत दृष्टिकोण पर निर्भर करता है।

जैसा कि पहले चर्चा की गई है, सभी सामाजिक हेरफेर बुरे नहीं हैं; वास्तव में इसके सकारात्मक परिणाम भी हो सकते हैं। हालाँकि "हेरफेर" शब्द बेईमान लोगों की छवियाँ उत्पन्न कर सकता है जो लोगों को अपनी इच्छा के अनुसार झुकाते हैं, लेकिन जब सही तरीके से उपयोग किया जाता है तो यह समग्र रूप से समाज की सहायता कर सकता है। सामाजिक हेरफेर का एक अच्छा उदाहरण यह होगा कि स्वास्थ्य विशेषज्ञ हमें अधिक फल और सब्जियां खाने के लिए प्रोत्साहित कर रहे हैं ("प्रतिदिन 5 अभियान") या धूम्रपान अभियानों को रोकना जिसके परिणामस्वरूप धूम्रपान करने वालों की संख्या में कमी आई है और साथ ही धूम्रपान से संबंधित बीमारियों की घटनाओं में भी कमी आई है; इस तरह की युक्तियाँ अपने सर्वोत्तम स्तर पर जबरदस्ती के प्रभावी रूपों का निर्माण करती हैं!

6 गैसलाइटिंग
गैसलाइटिंग हेरफेर का सबसे क्रूर रूप हो सकता है। यह किसी व्यक्ति में संदेह के बीज बोकर उसकी विवेकशीलता और आत्म-सम्मान पर संदेह पैदा करने का एक प्रयास है - अक्सर बार-बार झूठ को प्रलोभन के रूप में उपयोग करना जब तक कि अंततः आप उन्हें सच नहीं मान लेते।

गैसलाइटिंग हेरफेर का एक अमानवीय रूप है जिसमें एक व्यक्ति दूसरे व्यक्ति को खुद पर संदेह करने और खुद पर सारा विश्वास खो देने का कारण बनता है, जिससे एक प्रतिकूल उपस्थिति द्वारा पूर्ण मनोवैज्ञानिक टूटन और अधीनता हो जाती है। गैसलाइट्स लगातार अपने लक्ष्य का खंडन करके या यह सुझाव देकर उन्हें कमजोर करते हैं कि वे हमेशा गलत होते हैं, कभी-कभी उन पर खुद झूठ बोलने का आरोप लगाने की हद तक - बाहरी लोगों के दबंग नियंत्रण के तहत पूरी तरह से शामिल होने से पहले आत्म-मूल्य को कम करने के लिए डिज़ाइन की गई एक कार्रवाई जो बन कर कब्जा कर लेती है। स्वयं उत्पीड़क. जब ऐसा होता है, तो वे अपने उत्पीड़क की दबंग उपस्थिति के अधीन हो जाते हैं - जो अंततः बाहरी स्रोतों के दबंग प्रभाव के तहत झुकने से पहले अधीन हो जाते हैं। गैसलाइट्स बदले में उन पर अधिकार चाहते हैं और अंततः अपने दबंग स्वामी के अधीन शिकार बन जाते हैं। इन्फ्लुएंसर हेरफेर मानसिक शोषण का एक रूप है जो अक्सर अपमानजनक व्यक्तिगत संबंधों में देखा जाता है। एक प्रभावशाली व्यक्ति अपने शिकार को खुद पर संदेह करने के लिए विभिन्न तकनीकों का उपयोग करेगा - यहां तक कि उनके और उनके बीच हुई पिछली घटनाओं को नकार कर उनकी यादों पर सवाल उठाने की हद तक।

गैसलाइटिंग को पूरी तरह प्रभावी होने में समय और प्रयास लगता है। एक जोड़-तोड़ करने वाला लंबे समय तक अपने शिकार को कमजोर कर देगा, जिससे बदले में उन्हें अपनी विवेकशीलता पर संदेह होगा।

डॉ. जॉर्ज साइमन पीएचडी टेक्सास विश्वविद्यालय से नैदानिक मनोवैज्ञानिक हैं। संकटपूर्ण व्यक्तित्व वाले लोगों, विशेष रूप से मनोरोगियों के अध्ययन में, उनके निष्कर्षों ने उन्हें इस निष्कर्ष पर पहुंचाया कि कुछ प्रकार के व्यक्तित्व हेरफेर में बहत कुशल थे; झूठ और आक्रामक भाषा का उपयोग करके वे अपने शिकार के मन में संदेह पैदा करने में कामयाब रहे, अंततः, उनके लक्ष्य ने खुद पर विश्वास खो दिया और जोड़-तोड़ करने वाले ने जो कहा उस पर विश्वास करना शुरू कर दिया, और अंततः उसके नियंत्रण में आ गया।

अध्याय 4: अंधेरे स्थानों में प्रयुक्त तकनीकें

मनोविज्ञान रहस्य
अधिकांश मनोवैज्ञानिक तकनीकें गहरे और सफेद दोनों प्रकार के मनोविज्ञान अनुप्रयोगों में काम आती हैं; उनकी उपयोगिता उन्हें नियोजित करने वालों की मंशा पर निर्भर करती है।

इस अध्याय में, हम अवैध उद्देश्यों के लिए उपयोग की जाने वाली विभिन्न मनोवैज्ञानिक तकनीकों को देखेंगे।

अंधेरा अनुनय
अनुनय अब तक सबसे अधिक उपयोग की जाने वाली मनोवैज्ञानिक तकनीक है, जिसका उपयोग अक्सर श्वेत मनोविज्ञान में किया जाता है; हममें से लगभग सभी ने किसी न किसी बिंदु पर उस अनुशासन के हिस्से के रूप में अनुनय का उपयोग किया है; हालाँकि, केवल कुछ ही लोगों ने अनुनय को अंधेरे मनोविज्ञान में हेरफेर के एक प्रभावी रूप के रूप में नियोजित किया है।

डार्क अनुनय में गहराई से उतरने से पहले, आइए पहले इसके मूल घटकों पर विचार करें।

अनुनय क्या है? अनुनय वांछित परिणाम प्राप्त करने के लिए किसी व्यक्ति के दृष्टिकोण या व्यवहार को प्रेरित करने, प्रभावित करने या बदलने के लिए प्रेरक तर्कों का उपयोग करने का मनोवैज्ञानिक अभ्यास है।

अनुनय युक्तियाँ यहां कई आवश्यक अनुनय रणनीतियाँ दी गई हैं जिनमें सफलतापूर्वक प्रेरक बनने के लिए आपको महारत हासिल करनी होगी:

विशेषज्ञ की सलाह पाने के लिए शोध करें

एक विचारशील नेता बनें - दूसरों को उनकी सोच में निर्देशित करें और उदाहरण के साथ नेतृत्व करें।

घोषणात्मक कथनों और दृढ़ता का उपयोग करते हुए आश्वस्त रहें:

जितना संभव हो सके व्यंग्य कम करें।

उचित लगें और सूक्ष्म प्रतिक्रियाओं के जवाब में प्रतिक्रियाओं की निगरानी करें; मांग के बजाय सक्रिय रूप से सुनें और सुझाव दें; सक्रिय रूप से निरीक्षण करें; भावनात्मक रूप से बुद्धिमान बनें

अनुनय रणनीति
यहाँ कई बुनियादी लेकिन महत्वपूर्ण अनुनय रणनीतियां दी गई हैं:

उस व्यक्ति के नाम का उपयोग करें जिसके साथ आप बातचीत कर रहे हैं।

व्यक्तिगत रूप से जुड़ें और संबंध स्थापित करें।

रिश्ते विकसित करें और पारस्परिकता के दरवाजे खोलें

प्रेरक शब्दों का प्रयोग करें लचीला और अनुकूली बनें - प्रत्येक लक्ष्य के अनुरूप व्यक्तिगत रूप से अनुकूलन करें (कोई व्यापक दृष्टिकोण नहीं)। एनएलपी की मिररिंग और मिलान तकनीक का उपयोग करें।

अपने लाभ के लिए बैंडवैगन प्रभाव का उपयोग करें

जिन लोगों को आप मना रहे हैं उनके ध्यान में कमी की भावना पैदा करके उनमें कुछ अनिश्चितता पैदा करें।

जानबूझकर अंतराल (सूचना अंतराल) के माध्यम से रहस्य पैदा करें।

"दरवाजे पर कदम रखें" रणनीति लागू करें - एक छोटा अनुरोध करें जो बाद में बड़े अनुरोधों के लिए अधिक दरवाजे खोलता है।

जिन लोगों को आप मनाने की कोशिश कर रहे हैं उनके लिए अपने प्रस्ताव के मूल्य को रेखांकित करना महत्वपूर्ण है, जब उन्हें इसकी योग्यता के बारे में समझाने की कोशिश की जाए, क्योंकि हर व्यक्ति अवचेतन रूप से खुद से पूछता है, "इसमें मेरे लिए क्या है?"

मेस द बैंडवैगन इफ़ेक्ट
बैंडवैगन प्रभाव को उस सामूहिक प्रभाव के रूप में वर्णित किया जा सकता है जो लोगों के समूह उस भीड़ या लोगों के समूह के व्यक्तिगत सदस्यों पर डाल सकते हैं।

बैंडवैगन प्रभाव की कुछ प्रमुख विशेषताएं नीचे दी गई हैं:

झुंड मानसिकता - जब लोगों को यह समझाया जाता है कि दूसरों का अनुसरण करने से सफलता मिलेगी तो वे उसी के अनुरूप हो जाते हैं। सामाजिक प्रमाण - लोग वही करते हैं जो सबसे लोकप्रिय कारण प्रतीत होता है।

नकारात्मक सामाजिक प्रमाण (जैसे कूड़ा-करकट, लकड़ी काटना, खराब यौन व्यवहार, अत्यधिक शराब पीना और धूम्रपान) की निंदा करना वास्तव में इसे बढ़ावा दे सकता है। उदाहरण के लिए, अनुपस्थिति में 15% से 20% की वृद्धि की आलोचना करने से अधिकांश कर्मचारियों (80%+) को ध्यान में रखते हुए सकारात्मक सामाजिक प्रमाण को भी मजबूत करना चाहिए, जिन्होंने काम नहीं छोड़ा है और उन कुछ खराब सेबों पर चर्चा की है जो

अनुपस्थित रहते हैं, उनकी तुलना में नगण्य है। किस बात पर जोर दिया जाना चाहिए और क्यों कम किया जाना चाहिएँ।

धोखे
धोखे को ऐसे किसी भी कार्य के रूप में परिभाषित किया जा सकता है जो किसी अन्य व्यक्ति को पूर्वनिर्धारित लक्ष्यों या अपेक्षाओं के अनुसार कार्य करने के लिए मनाने के इरादे से किसी झूठी बात को छुपाने, गलत तरीके से पेश करने या आगे बढ़ाने का प्रयास करता है, किसी राय को बदनाम करने या बढ़ावा देने का प्रयास करता है।

धोखे में वास्तविकता का गलत प्रतिनिधित्व व्यक्त करने के लिए दिखावे में हेरफेर करना शामिल है।

धोखे का सार छिपाव में निहित है। सामान्य धोखे की तकनीकों में शामिल हैं:

प्रचार में झूठी जानकारी को सत्य या तथ्य के रूप में फैलाना शामिल है, जबकि छलावरण चीजों की वास्तविक प्रकृति को छिपा देता है; एक उदाहरण किसी क्षेत्र में घुसपैठ करने के लिए दान कार्य को आड़ के रूप में उपयोग करना हो सकता है।

दिखावा का तात्पर्य एक बदले हुए अहंकार को धारण करना है; उदाहरण के लिए, जब कोई दोषी हो तो बेगुनाही का नाटक करना, जब आप पूरी तरह से स्वस्थ महसूस करते हैं तो बीमार होने का नाटक करना, जब आप वास्तव में किसी महत्वपूर्ण चीज़ का जश्न मना रहे हों तो दुःख का नाटक करना आदि।

रहस्यीकरण - जानकारी को छिपाकर या अलौकिक प्रतीत होने वाले तरीकों से कार्य करके अलौकिक की आभा बनाएं, जिससे विश्वासों की ओर झुकाव रखने वालों के लिए खुद को आकर्षक बनाया जा सके।

पलटना: जादूगर, जादूगर और अभिनेता अक्सर लोगों का ध्यान खुद से हटाकर अपनी ओर खींचने के लिए और व्यक्तिगत उद्देश्यों को पूरा करने के लिए इसे अपने पक्ष में मोड़ने के लिए इस रणनीति का इस्तेमाल करते हैं। संगीत कार्यक्रमों जैसे सार्वजनिक प्रदर्शनों के माध्यम से परिणाम प्राप्त करने का प्रयास करते समय भी यह रणनीति अच्छी तरह से काम करती है।

धोखे के प्रकार
धोखा दो प्राथमिक रूप लेता है।

कमीशन द्वारा झूठ बोलना (छलावा) - धोखे के सक्रिय रूप हैं। कमीशन द्वारा झूठ बोलने में संलग्न व्यक्ति जानबूझकर अपने लाभ के लिए भौतिक तथ्यों को बदलकर सीधे धोखा देता है या झूठ बोलता है।

अनुकरण या चूक (झूठ द्वारा चूक) - अनुकरण झूठ धोखे का अप्रत्यक्ष रूप है जिसमें धोखे में शामिल कोई व्यक्ति सीधे तौर पर भौतिक तथ्यों को नहीं बदलता है; बल्कि वे उन्हें छिपाते हैं जिससे धोखा खाए लोगों की निर्णय लेने की क्षमता बदल जाती।

डुपेरी
धोखे के किसी भी कृत्य की तरह, नकल, व्यक्तिगत लाभ के लिए पीड़ितों से लाभ प्राप्त करने के लिए आगे बढ़ती है। नकल में जाल या चारा लगाना शामिल है जो पीड़ितों को व्यक्तिगत या नापाक लाभ के लिए शोषण करने से पहले फँसाता है।

भावना
इंडोक्ट्रिनेशन से तात्पर्य किसी को स्वतंत्र आलोचनात्मक जांच का अवसर दिए बिना उसमें विश्वास पैदा करने की प्रक्रिया से है।

उपदेश के लिए उपयोग की जाने वाली रणनीतियाँ:

रटने का प्रशिक्षण - प्रार्थना के दौरान मंत्रों को दोहराने या प्रार्थना के दौरान माला मोतियों को गिनने जैसी बार-बार की जाने वाली क्रियाओं के माध्यम से लोगों की यादों पर जानकारी अंकित करने की इस प्रथा को रटने के प्रशिक्षण के रूप में जाना जाता है।

पुष्टिकरण करने के लिए प्रशिक्षित लोगों को ऐसे शब्द कहने का निर्देश दिया जाता है जो कुछ कथनों की पुष्टि करते हैं, जिससे यह धारणा बनती है कि वे कथन सत्य हैं।

सत्य और तथ्यों में बाधा - यह युक्ति उन लोगों को सत्य या तथ्यों के स्रोतों तक पहुँचने से रोकने का प्रयास करती है, जैसे कि "शैतानी" समझी जाने वाली किताबें। डर मनोविज्ञान तकनीकों का भी उपयोग किया जा सकता है जैसे कि उन्हें चेतावनी देना कि यदि वे ऐसी किताबें पढ़ेंगे तो उन्हें बुरे सपने आएंगे या पिशाच आत्माएं उनसे मिलने आएंगी।

स्वीकारोक्ति - हममें से प्रत्येक का अतीत पाप से भरा है। हो सकता है कि हमने कुछ ऐसे काम किए हों जिनके लिए हमें पछताना पड़े; उपदेश देने की एक रणनीति में लोगों को कबूल करने के लिए मजबूर करना शामिल है। एक बार जब लोग कबूल कर लेते हैं, तो उनका नैतिक अधिकार उपदेश देनेवालों के सामने कम हो जाता है, जिससे वे समर्पण के मार्ग पर चलकर उपदेश देने लगते हैं।

अलगाव - अलगाव का मुख्य लक्ष्य किसी को उन प्रभावों से दूर करना है जो शिक्षा को असंभव या अधिक कठिन बनाते हैं, उन्हें परिवार, समाज या सामान्य रिश्तों से पूरी तरह से काट देते हैं। इस प्रकार, पीड़ित परिवार, समाज और सामान्य रिश्तों से कट सकते हैं, जिससे वे विश्वसनीय तृतीय-पक्षों से इन दावों के संबंध में कोई अन्य राय प्राप्त किए बिना अपने उपदेशकों द्वारा कही गई किसी भी बात पर विश्वास कर सकते हैं। जब सत्य और तथ्यों का विश्वसनीय तृतीय-पक्ष दृष्टिकोण से निष्पक्ष मूल्यांकन नहीं किया जा सकता है तो अलगाव भी एक प्रकार की बाधा के रूप में कार्य करता है।

अपराध थोपना - अपराध थोपना जबरन स्वीकारोक्ति के समान है; हालाँकि, अपराध बोध थोपने में पीड़ित के मन में ऐसे उपदेशकों द्वारा अपराध की भावना पैदा करना शामिल है जो किसी भी गलत काम की खोज करने के तरीके ढूंढते हैं और फिर उस कार्य का उपयोग उन पर अपराध थोपने के लिए करते हैं। जबरन स्वीकारोक्ति की तरह, इस रणनीति का प्राथमिक लक्ष्य अपराध थोपना है।
स्वीकारोक्ति पीड़ित की नैतिक स्थिति को कमजोर करने और उन पर मनोवैज्ञानिक समर्पण के लिए दबाव डालने का काम कर सकती है।

फोबिया थोपना - मनोवैज्ञानिक भय को उपदेशकों की उपदेश तकनीकों के माध्यम से पैदा किया जा सकता है; पीड़ितों के लिए अपने प्रभाव क्षेत्र से बाहर काम करना कठिन होता जा रहा है। फोबिया इंड्यूसमेंट का उदाहरण बीमा कंपनियाँ संभावित जोखिमों को बढ़ा-चढ़ाकर पेश करके संभावित ग्राहकों पर डर पैदा करने वाली रणनीति का उपयोग करती हैं, यदि संभावित ग्राहक प्रियजनों के जीवन या संपत्ति का बीमा नहीं करने का विकल्प चुनता है, जबकि सरकारें अक्सर अपने लक्ष्य को आगे बढ़ाने के लिए डर पैदा करने का सहारा लेती हैं। एजेंडा.

अनुष्ठानों का किसी के मनोविज्ञान पर एक अमिट छाप होता है, जो बताता है कि क्यों इतनी सारी परंपराएं, धर्म, पंथ, राजनीतिक संगठन और नागरिक समूह अनुष्ठानों को अपनी प्रथाओं के एक तत्व के रूप में नियोजित करते हैं। प्रार्थना या दफ़न सेवाओं से पहले और साथ ही युद्ध शुरू होने से पहले अनुष्ठान किए जा सकते हैं - ये समारोह सिद्धांतकारों द्वारा आगे बढ़ाए जा रहे किसी भी प्रस्ताव के लिए संवेदनशीलता बढ़ाते हैं।

प्रेरित निर्भरता - जोड़-तोड़ करने वाले अक्सर इस रणनीति का उपयोग उन रिश्तों में करते हैं जिनमें वे अपने पीड़ितों पर हावी होना चाहते हैं, उदाहरण के लिए साम्राज्यवादी या उपनिवेशवादी संस्थाएं जो गरीबी को उसके भाग्य से बचाने का नाटक करने से पहले उसे कायम रखती हैं। वे सशर्त सहायता या अनुदान की पेशकश कर सकते हैं जिसमें निर्भरता बढ़ाने और पीड़ितों को शोषण के प्रति अधिक संवेदनशील बनाने के लिए डिज़ाइन की गई शर्तें शामिल हैं। चूँकि इस जानबूझकर की गई दरिद्रता इतनी चरम गरीबी का कारण नहीं बनती या इसके परिणामस्वरूप इतनी उदार सहायता और अनुदान नहीं मिलता, यह निर्भरता को प्रेरित करता है। विवाह साझेदार अक्सर एक असुरक्षित साथी को ऐसी स्थितियाँ पैदा करने की अनुमति देते हैं जो उनके साथी को आश्रित बना देती हैं; एक असुरक्षित पति उसे और अधिक निर्भर बना सकता है।
एक बार जब उसकी पत्नी रोजगार खो देती है, तो एक असुरक्षित पति अपने बेरोजगार जीवनसाथी को अधिक आसानी से नियंत्रित और हेरफेर कर सकता है क्योंकि वह उसकी वित्तीय स्वतंत्रता के मुख्य स्रोत के रूप में कार्य करता है। वित्तीय स्वायत्तता का अभाव उसे अपने पति के आदेशों के प्रति असुरक्षित बना देता है।

सज़ा - एक प्रोत्साहन प्रणाली बनाकर और दंड के रूप में परीक्षण/परीक्षा की पेशकश करके, जो लोग अपने उपदेश कार्यक्रम में उत्तीर्ण होते हैं उन्हें तदनुसार दंडित किया जाता है।

उपदेश के लक्षण

इसमें कोई आश्चर्य की बात नहीं है कि, उपदेश हमारे जीवन के अधिकांश पहलुओं में व्याप्त है - यह घरों में (माता-पिता और शिक्षकों द्वारा), स्कूलों में (शिक्षकों द्वारा), सार्वजनिक जीवन में (राजनेताओं और सरकारों द्वारा) आदि में होता है।

यहां उपदेश उपकरणों की कुछ प्रमुख विशेषताएं दी गई हैं:

भय, हठधर्मिता, कट्टरवाद, संज्ञानात्मक बंदता और कथित अभाव, सिद्धांत के स्रोत के रूप में
उपदेश के विभिन्न गुप्त और प्रत्यक्ष स्रोत हो सकते हैं; यहां कुछ सामान्यतः प्रकट स्रोत दिए गए हैं:

धार्मिक संस्थान, स्कूल और शैक्षणिक प्रतिष्ठान

मीडिया के लिए माता-पिता की मार्गदर्शिका (मुख्यधारा, वैकल्पिक मीडिया और सोशल नेटवर्किंग साइटें)।

राजनेताओं
विवाह साझेदारों का ब्रेनवॉशिंग 'ब्रेनवॉशिंग' शब्द का तात्पर्य किसी के मौजूदा पुराने विश्वासों को हटाकर नए विश्वासों के पक्ष में करने की प्रक्रिया है, जो किसी से पूछे बिना आते हैं या स्वेच्छा से अपनाए जाते हैं। बिना सहमति के ब्रेनवॉश किया जाता है.

ब्रेनवॉशिंग के कई रूप हो सकते हैं; कभी-कभी यह सूक्ष्म और अनैच्छिक होता है जबकि कभी-कभी हिंसक होता है। एक हिंसक उदाहरण धर्मयुद्ध और जिहाद के दौरान जबरन धर्म परिवर्तन था। ऐसे मामलों में पीड़ितों को पता होता है कि क्या हो रहा है, फिर भी वे मृत्यु जैसे बड़े नुकसान से बचने के लिए इसे एक प्रभावी मुकाबला तंत्र के रूप में स्वीकार करते हैं।

हिंसक ब्रेनवॉशिंग आम तौर पर उग्रवादी पंथों या आपराधिक संगठनों के भीतर होती है जहां पीड़ित खुद को भागने के रास्ते के बिना फंसा हुआ पाते हैं।

हिंसक ब्रेनवॉशिंग के संभावित पीड़ितों में शामिल हैं:

कैदी (विशेषकर युद्ध कैदी)

कैद में गुलाम
अपहरणकर्ताओं द्वारा गुलामी के लिए अपहृत पीड़ितों को बिक्री के लिए
अवैध एलियंस सूक्ष्म ब्रेनवॉशिंग अक्सर इसके पीड़ित की जागरूकता के बिना होती है; यहां, अपराधी अतिसंवेदनशील पीड़ितों की तलाश करता है जिन्हें अधिक आसानी से राजी किया जा सके। इसके अलावा, ये कमजोर पीड़ित आमतौर पर खुद को गंभीर परिस्थितियों में पाते हैं, जिससे मनोवैज्ञानिक शून्यता पैदा होती है जो संतुष्टि की इच्छा रखती है।

नीचे अनजाने ब्रेनवॉशिंग के कुछ संभावित शिकार दिए गए हैं:

क्या आप अज्ञात दीर्घकालिक बीमारी के साथ जी रहे हैं? यदि हाँ, तो कृपया इसे पढ़ें।

जो नाबालिग अकेले रहने के लिए घर छोड़ चुके हैं वे आमतौर पर दूर रहते हैं।

जिन लोगों की नौकरी चली गई है और वे भावनात्मक रूप से पीड़ित हैं, वे गहरी निराशा में हैं।

तलाक या मृत्यु के माध्यम से प्रियजनों को खोना बेहद दर्दनाक हो सकता है।

ब्रेनवॉशिंग में सामान्य कदम

निम्नलिखित कुछ कदम हैं जो ब्रेनवॉशर्स आमतौर पर तब अपनाते हैं जब वे अपने पीड़ितों का ब्रेनवॉश करने का प्रयास करते हैं:

1. अलगाव
2. आत्मसम्मान पर आक्रमण पराधीनता पराधीनता
परीक्षण 5 लव बॉम्बिंग
ब्रेनवॉशर्स समझते हैं कि परिवार या करीबी सदस्य तुरंत पहचान सकते हैं कि पीड़ित के साथ क्या हो रहा है और इस तरह उसे बचाया जा सकता है, इसलिए पीड़ित को परेशान करने के लिए वे जो शुरुआती कदम उठाते हैं, वह उसे अपने करीबी लोगों, जैसे परिवार या दोस्तों से अलग करना है। .

उदाहरण के लिए, सांस्कृतिक नेता, पीड़ितों में करीबी परिवार और दोस्तों की नकारात्मक राय पैदा कर सकते हैं, मानसिक पिशाचों द्वारा उनके खिलाफ इस्तेमाल की जाने वाली ब्रेनवॉशिंग रणनीति के परिणामस्वरूप उनके और प्रियजनों के बीच विभाजन पैदा कर सकते हैं जो ऊर्जा को खत्म कर देते हैं और लोगों को लंबे समय तक बीमार बनाते हैं; पीड़ित बीमारी और हताशा के कारण इस तरह की ब्रेनवॉशिंग रणनीति का शिकार हो सकता है - अंततः खुद को किसी ऐसे व्यक्ति से अलग कर सकता है जो उन्हें ब्रेनवॉशिंग से पूरी तरह से बचा सकता था।

आत्मसम्मान पर हमला कम आत्मविश्वास से पीड़ित या कम आत्मसम्मान से पीड़ित पीड़ित ब्रेनवॉशिंग के प्रति संवेदनशील होता है, और इसलिए ब्रेनवॉश करने वाला व्यक्ति उनके आत्मसम्मान पर हमला करके इस स्थिति को प्राप्त करना चाहता है।

ब्रेनवॉशर्स अपने शिकार की आत्म-मूल्य की भावना को कमजोर करने के लिए विभिन्न रणनीतियों का इस्तेमाल करते हैं, जैसे:

मौखिक और शारीरिक शोषण - अक्सर अपने पीड़ित को अमानवीय बनाने और उसकी योग्यता की भावना को कमजोर करने के लिए हिंसक ब्रेनवॉशिंग तकनीकों में उपयोग किया जाता है।

नींद की कमी - पर्याप्त आराम के बिना, जागरूकता कम होने के कारण लोग मनोवैज्ञानिक दबाव के प्रति अधिक संवेदनशील होते हैं। पूर्ण जागरूकता के बिना, कुछ शांति और शांति की तलाश में थके हुए व्यक्ति के लिए ब्रेनवॉशिंग निर्देश आसान हो जाते हैं ताकि वे जल्दी से सो सकें।

डराना-धमकाना उन कई तकनीकों में से एक है जिसका उपयोग ब्रेनवॉशर्स किसी को उसकी इच्छा के बिना समर्पण करने के लिए मजबूर करने के लिए करते हैं, जैसे कि सज़ा या सज़ा की धमकी देकर।

शर्मिंदगी- इस रणनीति का उपयोग तब किया जा सकता है जब किसी संभावित पीड़ित के पास कोई अप्रिय रहस्य हो जिसे वह छिपाकर रखना चाहेगा, उदाहरण के लिए नग्न तस्वीरें प्राप्त करने या ऐसे व्यक्तियों में वैवाहिक बेवफाई को प्रेरित करने के लिए विभिन्न तरीकों का उपयोग करना। एक बार जब कोई ब्रेनवॉशर इन सामग्रियों को प्राप्त कर लेता है, तो वह सार्वजनिक रूप से इस सामग्री के बारे में कुछ भी बताए बिना बल्कि सामान्यीकृत शब्दों का उपयोग करके पीड़ित को शर्मिंदा करना शुरू कर देता है जो उनके लक्ष्य की ओर से अनैतिक व्यवहार का संकेत देता है। पीड़ित समझता है कि ये संकेत किस ओर ले जाते हैं और इसलिए वह अपने ब्रेनवॉश करने वाले को इन शर्मनाक सामग्रियों का खुलासा करने से रोकने के लिए दृढ़ संकल्पित होता है, जिससे उसे अपने पीड़ित का ब्रेनवॉश करने के लिए आवश्यक ऊपरी शक्ति मिलती है। ब्रेनवॉशिंग परिदृश्यों के उदाहरणों में पीड़ितों को ऐसे अनुष्ठान करने के लिए मजबूर करना शामिल है जो उनके स्वयं के मूल्य और आत्म-मूल्य को कमजोर करते हैं, और उन्हें उनके ब्रेनवॉश करने वाले के अधीन कर देते हैं। समय के साथ, पीड़ितों में स्टॉकहोम सिंड्रोम विकसित हो सकता है, जहां वे वापस लड़ने के बजाय, अपने ब्रेनवॉशर का समर्थन करना शुरू कर देते हैं।
ब्रेनवॉशर की रक्षा करें (जिसका, अवचेतन रूप से, उनके "रहस्यों" की रक्षा करना है)

ब्रेनवॉशर्स बुनियादी आवश्यकताओं की राशनिंग जैसी कमी पैदा करने का उपयोग करते हैं और पीड़ितों को वश में करने के लिए उन्हें केवल अपने आदेशों के तहत काम करने वाले व्यक्ति पर छोड़ देते हैं। ब्रेनवॉशिंग पीड़ितों को पूर्ण नियंत्रण में लाने का प्रयास करता है ताकि वे पूरी तरह से विनम्र हो जाएं।

वशीकरण के लिए उपयोग की जाने वाली कुछ युक्तियाँ नीचे दी गई हैं:

अत्यधिक दुर्व्यवहार हमें बनाम उनका बनाता है
प्रेम बमबारी, अत्यधिक दुर्व्यवहार, एक पीड़ित अत्यधिक दुर्व्यवहार का शिकार होता है; अक्सर भावनात्मक और मनोवैज्ञानिक दुर्व्यवहार का उपयोग किया जाता है, शारीरिक शोषण का उपयोग केवल हिंसक ब्रेनवॉशिंग उद्देश्यों के लिए किया जाता है, न कि सूक्ष्म ब्रेनवॉशिंग तकनीकों के लिए।

हम बनाम वे

एक पीड़ित को अपने ब्रेनवॉशर और समग्र रूप से समाज के बीच चयन करने के लिए मजबूर किया जाता है। इस पीड़ित के बचने की कोई संभावना नहीं है.

ब्रेनवॉश किए गए विषय उन पीड़ितों का परिचय देते हैं जिनके मन में अभी भी "उनके", बाहरी दुनिया के बारे में कोई विचार है। पीड़ितों द्वारा "हमारे", ब्रेनवॉश किए गए विषयों के साथ बने रहने पर विचार करने का कोई भी प्रयास गंभीर दुर्व्यवहार का कारण बनेगा, जब तक कि वे उनके ब्रेनवॉशिंग में शामिल होने और "उन्हें" छोड़ने का मन नहीं बना लेते।

परीक्षण, या मूल्यांकन,

यह सुनिश्चित करने के लिए परीक्षण किया जाता है कि क्या पीड़ित ने अपनी पसंद बना ली है और अब वह "उनके साथ" शामिल होने की इच्छा नहीं रखता है, साथ ही उसकी आज्ञाकारिता के स्तर का भी परीक्षण किया जाता है।

गुप्त नियंत्रण के तहत, पीड़ितों को "उनके" (सामान्य आबादी) में इस शर्त पर छोड़ा जा सकता है कि वे एक निश्चित तारीख पर लौटेंगे और गुप्त रूप से यह देखने के लिए निगरानी की जाएगी कि क्या वे "हम" (ब्रेनवॉश समूह) में वापस आना चुनते हैं।

यदि पीड़ित वापस नहीं लौटना चाहता, तो उसका अपहरण कर लिया जाता है और उसे वापस हमारे पास भेज दिया जाता है - और इस तरह दुष्चक्र फिर से शुरू हो जाता है।

यदि पीड़ित स्वेच्छा से लौटता है, तो हम चरण दो पर आगे बढ़ते हैं, जिसे लव बॉम्बिंग के रूप में जाना जाता है।

अधिकांश पीड़ितों को समाज में वापस आने का सफर बहुत चुनौतीपूर्ण लगता है, इसलिए जो खो गया था उसे फिर से बनाने के बजाय घर वापस लौटना पसंद करते हैं।

लव बॉम्बिंग एक बार परीक्षण से पता चलता है कि पीड़ित का सफलतापूर्वक ब्रेनवॉश किया गया है, तो उसे शामिल होने के लिए प्रेरित करने के लिए लव बॉम्बिंग तकनीकों का उपयोग किया जा सकता है।

प्रेम बमबारी में प्रशंसा, विषयों के क्रम में पदोन्नति, प्राप्त उपहार आदि शामिल हो सकते हैं।

डार्क सेडक्शन "डार्क सेडक्शन" मनोवैज्ञानिक उपकरणों के उपयोग को संदर्भित करता है जो व्यक्तियों के खिलाफ डार्क हेरफेर रणनीति का उपयोग करने के लिए डिज़ाइन किए गए हैं ताकि उन्हें ऐसे रिश्तों में शामिल किया जा सके जो केवल एक पक्ष के स्वार्थ को संतुष्ट करते हैं और इसमें शामिल किसी भी पक्ष के लिए ठोस रिटर्न नहीं देते हैं।

एक बेईमान प्रलोभक अपने वासनापूर्ण एजेंडे को पूरा करने के लिए अपने शिकार की इच्छाओं पर खेलता है।

हालाँकि प्रलोभन अक्सर विपरीत लिंग से जुड़ा होता है, इसमें समान लिंग का कोई व्यक्ति और यहां तक कि गैर-यौन के रूप में पहचाने जाने वाले लोग भी शामिल हो सकते हैं।

डार्क सेडक्शन में केवल यौन क्रियाएं शामिल नहीं होती हैं; बल्कि यह कुछ लक्ष्यों को प्राप्त करने के लिए यौन उत्तेजना का उपयोग करता है।

यौन उत्तेजना पीड़ितों को कम तार्किक और तर्कसंगत बनाती है और इसलिए हेरफेर के लिए अधिक खुला रहती है।

नीचे अंधेरे प्रलोभन की कुछ तकनीकें दी गई हैं:

लव बॉम्बिंग में दूसरों को उपहार के रूप में उत्तेजक अभिव्यक्तियाँ और तुच्छ बातें भेजना शामिल है, चाहे ऐसा करने के लिए स्पष्ट रूप से अनुरोध किया गया हो या न किया गया हो।
डार्क सेडक्शन का प्राथमिक उद्देश्य किसी व्यक्ति की आदिम आईडी को आकर्षित करना और एंटी-कैथेक्सिस को कम करना है; इस प्रकार उसे अति-अहंकार से दूर होने और ईद की ओर नीचे उतरने के लिए प्रोत्साहित किया जाता है जहां सुखवाद मौजूद है।

आईडी की इस स्थिति को सुदृढ़ करने और सुपर-ईगो या एंटी-कैथेक्सिस के सभी सबूतों को हटाने के लिए पीड़ित के खिलाफ कामुक कार्रवाइयां और पुरस्कार नियोजित किए जा सकते हैं।

अक्सर, उपदेश और ब्रेनवॉशिंग किसी के अति-अहंकार को नष्ट करने में मदद कर सकता है। हालाँकि, सम्मोहन का उपयोग इस उद्देश्य के लिए एक शक्तिशाली तकनीक के रूप में किया जाता है - किसी के दिमाग को एक खुली स्थिति में लाना जहां उन्हें आपके द्वारा दिए गए किसी भी सुझाव से राजी किया जा सके।

सम्मोहन के तहत एक व्यक्ति सोए हुए चलने वाले व्यक्ति के समान है; उनकी जागरूकता पूरी तरह से बाहरी स्रोतों से संकेत प्राप्त किए बिना चलने पर केंद्रित हो जाती है।

सम्मोहित अवस्था में रहते हुए, कोई व्यक्ति जानबूझकर बाहरी स्रोतों से संदर्भ नहीं ले सकता - केवल सुझावों से। परिधीय जागरूकता कम हो जाती है या पूरी तरह से गायब हो जाती है क्योंकि उनका दिमाग एक अभेद्य बुलबुले के अंदर फंस जाता है जो बाहरी संकेतों के प्रति अभेद्य होता है जो सामान्य रूप से इसमें प्रवेश करता है।

सम्मोहक प्रेरण
सम्मोहन प्रेरण में सम्मोहन प्रेरित करने के लिए किसी को निर्देश और सुझाव देना शामिल है।

सम्मोहन की प्रमुख विशेषताएं:

एक वस्तु या विचार पर केंद्रित ध्यान, परिधीय जागरूकता से अलगाव

सुझावों के प्रति बढ़ी हुई ग्रहणशीलता श्वेत और गहरे सम्मोहन के बीच मुख्य अंतर सम्मोहनकर्ता के इरादे में निहित है: गहरे सम्मोहन का उद्देश्य सम्मोहन के भीतर से सकारात्मक सुझावों के माध्यम से खुद को बेहतर बनाने में मदद करने के बजाय स्व-सेवा लाभ के लिए अपने विषय का शोषण करना है।

श्वेत सम्मोहन का उद्देश्य सम्मोहन को जल्दी और सफलतापूर्वक बाहर निकालने में मदद करके चेतना की दर्दनाक या हानिकारक स्थितियों को कम करना है। सम्मोहन चिकित्सा को अक्सर श्वेत सम्मोहन का मुख्य रूप माना जाता है, जिसे अक्सर चिकित्सीय सम्मोहन कहा जाता है।

सम्मोहन चिकित्सा
सम्मोहन चिकित्सा श्वेत सम्मोहन प्रेरण का एक रूप है जिसका उपयोग चिकित्सीय प्रयोजनों के लिए चिकित्सा चिकित्सकों द्वारा किया जाता है। मुख्य लक्ष्य मनोवैज्ञानिक, भावनात्मक और यहां तक कि शारीरिक आघात से उबरने में मदद करना है।

सम्मोहन चिकित्सा का उपयोग दर्द से राहत के लिए एक प्रभावी विधि के रूप में किया जा सकता है, जिससे रोगी को अपनी परेशानी के स्रोत से दूरी बनाने में मदद मिलती है, जिससे उस दर्द के प्रति संवेदनशीलता कम हो जाती है।

सम्मोहन के बारे में तथ्य: सम्मोहन स्वैच्छिक इच्छाधारी है बच्चे वयस्कों की तुलना में सम्मोहन के प्रति अधिक संवेदनशील होते हैं

15% लोग सम्मोहन के प्रति संवेदनशील होते हैं।

10 प्रतिशत व्यक्तियों को कभी-कभार ही सम्मोहित किया जा सकता है।

कल्पना करने की प्रवृत्ति वाले लोगों को अंधेरे सम्मोहक प्रेरण में खींचे जाने का खतरा अधिक होता है। साथ ही, इसके दुष्परिणाम भी हो सकते हैं।

डार्क हिप्नोटिक इंडक्शन के कई शिकार हुए हैं। सामान्य कारणों में शामिल हैं:

इतनी गहराई से सम्मोहित किया जाता है कि आप स्वेच्छा से किसी सम्मोहनकर्ता को अपनी संपत्ति सौंप देते हैं

क्या आप सम्मोहित होकर लुटेरों के लिए जानबूझकर दरवाजा खोल रहे हैं?

क्या आप सम्मोहित होकर अपहर्ताओं का स्वेच्छा से उनकी मांद तक पीछा कर रहे हैं? यदि आपका भी यही मामला है, तो सम्मोहित किया जाना ताकि आप उनका पीछा करते हुए

उनकी मांद में चले जाएं, संभवतः अपहरण और किसी प्रकार के दुर्व्यवहार को बढ़ावा मिलेगा।

अध्याय 5: हेरफेर की कला को पहचानें

हेरफेर को समझना लंबे समय से जीवन का हिस्सा रहा है; इसमें कोई आश्चर्य नहीं होना चाहिए कि अनुनय का लंबे समय से एक कौशल के रूप में अभ्यास किया जाता रहा है। यदि आप इसके प्रभाव से प्रभावी ढंग से निपटना चाहते हैं तो इसका वास्तविक सार क्या है, इसे पहचानना आवश्यक है।

इस अध्याय में, हम बेहतर ढंग से समझने के लिए हेरफेर के मनोविज्ञान की संक्षेप में समीक्षा करेंगे कि यह हमारे जीवन में कहां मौजूद हो सकता है और कौन हमारा शोषण करने की कोशिश कर सकता है। यह उन लोगों की पहचान करने में भी सहायता कर सकता है जो हमें जाने बिना हमें प्रभावित करने का प्रयास करते हैं - उदाहरण के लिए, कोई बॉस अपने कर्मचारियों को उनके सामान्य व्यक्तित्व और व्यवहार के विपरीत कार्य करने के लिए प्रोत्साहित कर सकता है; यह सीखना कि वाणिज्य सूक्ष्म अनुनय तकनीकों का उपयोग कैसे करता है, आपको इसकी व्यापक शक्ति का मुकाबला करने में सहायता करेगा।

हमारा समाज हमें खुद को तर्कसंगत विकल्प चुनने में सक्षम स्वतंत्र व्यक्ति के रूप में देखने के लिए प्रोत्साहित करता है; हालाँकि, जब जीवन के निर्णयों की बात आती है तो हमारा हमेशा पूर्ण नियंत्रण नहीं होता है। बच्चे अक्सर अपने माता-पिता से अत्यधिक प्रभावित हो सकते हैं और जिस प्रक्रिया से उनका पालन-पोषण हुआ उस पर उनका कोई नियंत्रण नहीं होता। एक बार शिक्षा प्रणाली के अंदर, हम और भी अधिक चालाकी से काम लेने लगते हैं। शिक्षक हमें समाज में सामाजिक मानदंडों और अपेक्षाओं के बारे में सिखाते हैं; बाद में वयस्क होने पर हम वोट की तलाश में राजनेताओं की ओर आकर्षित हो जाते हैं। कई लोग भविष्य के लिए किए गए वादों के आधार पर कुछ पार्टियों को वोट देने के लिए राजी हो जाते हैं, भले ही उन्हें उनकी नीतियों पर विश्वास न हो। इससे राजनेताओं को शक्ति मिलती है जो सीधे हमारे जीवन को प्रभावित कर सकती है; क्या हम वास्तव में नियंत्रण में हैं या केवल कुशल अनुनय तकनीक वाले लोगों द्वारा हेरफेर के अधीन हैं? बाद में इस पुस्तक में, हम स्पष्ट और गुप्त दोनों तरह से विभिन्न जोड़-तोड़ के तरीकों को संबोधित करने के बारे में बात करेंगे। सबसे पहले, आपको यह पहचानना सीखना चाहिए कि कब आपके साथ छेड़छाड़ की जा रही है ताकि आप इसका प्रतिकार कर सकें; इस प्रयोजन के लिए हम यह भी जांचेंगे कि विशेषज्ञ हमारे बीच मौजूद इस प्रकार के व्यवहार पर क्या कहते हैं।

क्या आप हेरफेर महसूस कर रहे हैं?

हमें अपने रोजमर्रा के जीवन में किस प्रकार की चीजों से सावधान रहना चाहिए?

प्रेरक भाषा हालाँकि तस्वीरें हज़ारों शब्द बताती हैं, लेकिन जब प्रेरित करने, प्रोत्साहित करने और मनाने के लिए शब्दों का उपयोग किया जाता है तो वे अधिक प्रभावी हो सकते हैं। बस उन सभी समयों के बारे में सोचें जब आप एक करिश्माई वक्ता से प्रेरित हुए थे, जिनके साहसी भाषणों ने आपको प्रेरित किया और कार्रवाई के लिए प्रेरित किया; या जब हम एक

महान पुस्तक में पूरी तरह से खो गए, जिसके शब्द एक अलग कहानी कह रहे थे! जब दूसरों को किसी बात के लिए आश्वस्त करते समय प्रभावी ढंग से उपयोग किया जाता है तो भाषा एक अत्यंत शक्तिशाली शक्ति हो सकती है; लोगों के व्यवहार को बदलने या किसी चीज़ पर लोगों का मन बदलने की कोशिश करते समय संचार एक अविश्वसनीय संपत्ति है।

मनोवैज्ञानिक हेरफेर सिद्धांत 1 संज्ञानात्मक

अनुनय से जुड़ी मनोवैज्ञानिक प्रक्रियाएं और सिद्धांत सर्वविदित हैं; 1968 में एंथनी ग्रीनवाल्ड द्वारा विकसित ऐसा ही एक सिद्धांत संज्ञानात्मक प्रतिक्रिया मॉडल है। हालाँकि इसे 40 साल पहले बनाया गया था, इसके सिद्धांत आज भी प्रासंगिक हैं और विज्ञापन और अनुनय के अन्य रूपों में बड़े पैमाने पर उपयोग किए जाते हैं।

ग्रीनवाल्ड ने सुझाव दिया कि: अनुनय की सफलता वास्तव में शब्दों से नहीं बल्कि प्राप्तकर्ता की भावनाओं, उनके आंतरिक एकालाप और वे संदेश को अनुकूल या प्रतिकूल विचारों (अनुभूति) के साथ देखते हैं या नहीं, इस पर निर्भर करती है। इस प्रक्रिया में नई सामग्री सीखने की आवश्यकता नहीं है, बल्कि यह इस बात से निर्धारित होता है कि क्या कोई इसे पहले से ही इस तरह से देखता है कि प्रभाव उनके लिए कमोबेश आसान हो।

प्रेरकों को अपने अनुनय प्रयासों के विरुद्ध उत्पन्न होने वाले किसी भी प्रतिवाद पर काबू पाने के लिए प्रेरक के रूप में अपने कौशल पर भरोसा करना चाहिए। उन्हें अपने लक्ष्य को अपने स्वयं के किसी भी प्रति-तर्क तैयार करने के लिए पर्याप्त समय देने से रोकना चाहिए और सकारात्मक तर्कों को सामने आने के लिए प्रोत्साहित करना चाहिए, जिससे "अनुनय प्रभाव" को सफलता की अधिक संभावना मिल सके।

अनुनय अधिक चुनौतीपूर्ण हो जाता है यदि किसी इच्छित लक्ष्य को पहले से ही चेतावनी दे दी गई हो कि उसे क्या उम्मीद करनी है, जिससे उन्हें जो कुछ भी उनके लिए प्रतिकूल लग सकता है उसके खिलाफ अपने स्वयं के तर्क तैयार करने का समय मिल सके। रिचर्ड ई. पेटी ने 1977 में शोध किया जिसने पूर्व चेतावनी के महत्व को प्रदर्शित किया: जिन छात्रों को कुछ घटनाओं के बारे में सूचना दी गई, उनके पूर्व सूचना न देने वाले छात्रों की तुलना में आश्वस्त होने की संभावना कम थी।

पारस्परिक
पारस्परिकता का नियम अनुनय के प्रति हमारी संवेदनशीलता के लिए एक और दिलचस्प स्पष्टीकरण प्रदान करता है: यह सामाजिक परंपराओं पर निर्भर करता है - यदि कोई आप पर उपकार करता है या आपके लिए कुछ अच्छा प्रदान करता है, तो आप किसी न किसी रूप में एहसान का बदला चुकाने के लिए बाध्य महसूस करेंगे।

अनजाने में, पारस्परिकता का नियम घटित हो सकता है। इसका एहसास किए बिना, आप किसी के लिए कोई कार्य या उपकार करने के लिए सहमत हो सकते हैं क्योंकि किसी बिंदु पर उन्होंने आपके लिए कुछ अच्छा किया है - भले ही यह अनुरोध सामान्य रूप से आपकी क्षमता के दायरे से बाहर हो। बाध्यता महसूस करने के अपने लाभ भी हो सकते हैं;

बिक्री तकनीकों का उपयोग करने वाली कंपनियां अधिक बिक्री बढ़ाने के लिए आमतौर पर इस रणनीति को अपनाती हैं। कंपनियां इस उम्मीद में निःशुल्क नमूने या समय-सीमित परीक्षण की पेशकश करती हैं कि ग्राहक उनके उत्पाद को खरीदकर या समझौते को जारी रखकर एहसान का बदला चुकाने के लिए बाध्य महसूस करें।

पारस्परिकता एक स्थापित मनोवैज्ञानिक प्रक्रिया और एक अनुकूली व्यवहार है, जो पूरे इतिहास में हमारे जीवित रहने की संभावनाओं को बढ़ाता है। दूसरों की मदद करने से आपको बदले में मदद मिलने की संभावना बढ़ सकती है, लेकिन पारस्परिकता के अवांछनीय दुष्प्रभाव हो सकते हैं; उदाहरण के लिए, यदि कोई आपको नुकसान पहुँचाता है तो पारस्परिकता उनके विरुद्ध प्रतिशोधात्मक प्रतिक्रियाएँ उत्पन्न कर सकती है।

अकादमिक शोध पारस्परिकता के नियम को समर्थन देता है। बर्गर एट अल (2009) ने पाया कि प्रतिभागियों द्वारा किसी ऐसे व्यक्ति द्वारा किए गए अनुरोधों पर सहमत होने की अधिक संभावना थी जिसने अतीत में उन पर उपकार किया था।

सूचना हेरफेर चरण 3

धोखा देना चालाकियों द्वारा अपनाई जाने वाली प्राथमिक रणनीतियों में से एक है। इस रणनीति में पीड़ितों को उनके सोचने के तरीके को बदलने के लिए सीमित और भ्रमित करने वाली जानकारी प्रदान करना शामिल है, जिससे वे अधिक संवेदनशील हो जाते हैं। धोखे में किसी को मनाने और हेरफेर करने के लिए जानबूझकर शारीरिक भाषा का उपयोग करना भी शामिल हो सकता है।
मैककोर्नैक एट अल. (1992) ने एक अध्ययन किया जिसमें विभिन्न तरीकों पर प्रकाश डाला गया जिसमें हेरफेर प्रक्रियाओं में सहायता के लिए संदेशों को गलत ठहराया जा सकता है। मैककोर्नैक का सिद्धांत चार सिद्धांतों पर आधारित है जो सत्य कथनों को नियंत्रित करते हैं; कोई भी उल्लंघन उस संदेश को जानबूझकर किया गया धोखा बना देगा। वे सम्मिलित करते हैं:
मात्रा जानकारी "मात्रा" से तात्पर्य है कि कितना दिया गया है। हममें से अधिकांश पर्याप्त डेटा देने का प्रयास करते हैं ताकि प्राप्तकर्ता हमारे संदेश को समझ सके - न तो बहुत कम, न ही बहुत अधिक भ्रम पैदा कर सकता है। लेकिन जोड़-तोड़ करने वाले उस मात्रा के साथ खेल सकते हैं, कुछ हिस्सों को रोककर जो उन्हें अपने तर्क के लिए अप्रासंगिक लगता है या जानकारी को रोककर उन्हें लगता है कि यह कमजोर हो जाएगी - इस अभ्यास को "चूक से झूठ बोलना" के रूप में जाना जाता है।

गुणवत्ता का तात्पर्य दी गई जानकारी की सटीकता से है। सच्चा संचार उच्च गुणवत्ता का होता है, जबकि जब हम इस सिद्धांत का उल्लंघन करते हैं तो प्राप्तकर्ता जानबूझकर गलत बातें सुनता है जो जोड़-तोड़ करने वाले को दूसरों पर शक्ति प्रदान करता है।

प्रासंगिकता यहां हम अपने संदेश से संबंधित जानकारी की "प्रासंगिकता" का उल्लेख करते हैं। किसी अजीब सवाल को टालने के लिए या असहज चर्चा को दरकिनार करने के लिए, जोड़-तोड़ करने वाले अक्सर अपने फायदे के लिए विषय बदल देते हैं - या तो अपने भीतर

की कमजोरियों को छिपाने के लिए, या किसी ऐसी चीज पर अत्यधिक जोर देने के लिए जो उन्हें अपने श्रोता पर अधिक शक्ति प्रदान करेगी।

डिलीवरी का तरीका एक प्रेजेंटेशन इस बात से निर्धारित होता है कि इसे "डिलीवर" कैसे किया जाता है। बॉडी लैंग्वेज इसमें एक अभिन्न भूमिका निभाती है। जैसा कि हम सुनते हैं, विभक्तियाँ और चेहरे के भाव यह बता सकते हैं कि संदेश कहाँ से आया है; जोड़-तोड़ करने वाले इन विशेषताओं को बढ़ा-चढ़ाकर पेश कर सकते हैं ताकि श्रोताओं को यह विश्वास हो जाए कि उनका संदेश उनके एजेंडे पर जोर देता है।

जान-बूझकर धोखे से दूसरों के साथ छेड़छाड़ करना या अपनी बात मनवाना कोई नई युक्ति नहीं है; हालाँकि, इसका उपयोग आज के समाज में विशेष रूप से शक्तिशाली हो गया है।
ऑनलाइन और सोशल मीडिया संचार में हमेशा आमने-सामने की मुठभेड़ शामिल नहीं होती है, जिससे जोड़-तोड़ करने वालों के लिए गलतफहमी फैलाना या जानकारी को बढ़ा-चढ़ाकर पेश करना आसान हो जाता है। संचार के ऐसे रूपों का उपयोग करके जोड़-तोड़ करने वाले सफल हो सकते हैं।

4 नज सभी हेरफेर हानिकारक नहीं हैं; कभी-कभी हमें ऐसे निर्णय लेने में सहायता की आवश्यकता होती है जिससे हमें लंबे समय में लाभ होगा। इस लक्ष्य को प्राप्त करने के लिए, नज सिद्धांत विशेष रूप से सहायक हो सकता है: विभिन्न "नज" के माध्यम से छोटी खुराक में कोमल धक्का देकर सकारात्मक सुदृढीकरण का विस्तार करना।

स्किनर के अध्ययन, या व्यवहारवाद, यह दर्शाते हैं कि यह सिद्धांत कितना उपयोगी हो सकता है। वांछित व्यवहार के लिए पुरस्कार के रूप में सकारात्मक सुदृढीकरण की पेशकश करके, यह सिद्धांत लोगों को वांछित दिशा में प्रेरित कर सकता है।

"नडिंग" का एक उदाहरण यहां देखा जा सकता है। यद्यपि उच्च कीमत वाली वस्तुओं को जोड़ना प्रतिकूल प्रतीत हो सकता है, परिणाम वास्तव में दूसरी सबसे अधिक कीमत वाली वस्तु की बिक्री में वृद्धि करते हैं - जिससे ग्राहकों को इसे खरीदने के लिए धक्का मिलता है - यह सब रेस्तरां मालिकों और उनके लाभ के लिए है।

रिचर्ड थेलर को व्यापक रूप से नज थ्योरी का "पिता" माना जाता है और व्यवहारिक अर्थशास्त्र में उनके महत्वपूर्ण योगदान के लिए उन्हें आर्थिक विज्ञान में नोबेल मेमोरियल पुरस्कार से सम्मानित किया गया था। नज थ्योरी सकारात्मक सुदृढीकरण या "नज" प्रदान करती है।

नज थ्योरी एक अत्यंत प्रभावी अर्थशास्त्र सिद्धांत हो सकता है; हालाँकि, इसका अनुप्रयोग व्यवहारिक परिवर्तनों को प्रोत्साहित करने और व्यक्तिगत विकल्पों को प्रभावित करने के साथ-साथ स्वीकृत सामाजिक मानदंडों को इस तरह से बदलने के लिए अर्थशास्त्र से कहीं आगे तक फैला हुआ है।

नडिंग इतनी सफल साबित हुई है कि 2010 में, ब्रिटिश सरकार ने नीति विकास के लिए समर्पित एक डिपार्टमेंट बिहेवियरल इनसाइट्स टीम की स्थापना की - जिसे आमतौर पर नज यूनिट के रूप में जाना जाता है।

"नज" के पूरे समाज के लिए स्पष्ट लाभ हो सकते हैं, फिर भी लोगों को प्रभावित करने के लिए ऐसी मनोवैज्ञानिक तकनीकों का उपयोग व्यक्तिगत नागरिक स्वतंत्रता का उल्लंघन हो सकता है।

5. सामाजिक हेरफेर

मनोवैज्ञानिक हेरफेर के रूप में भी जाना जाता है, सामाजिक हेरफेर का उपयोग राजनेताओं और अन्य शक्तिशाली व्यक्तियों द्वारा व्यक्तिगत लाभ के लिए किया जा सकता है। अपने सबसे खराब रूप में, यह लोगों को जो दिया गया है उसे स्वीकार करने के लिए मजबूर करने के लिए व्यक्तियों के व्यक्तिगत अधिकारों को छीनकर सामाजिक नियंत्रण के एक रूप के रूप में कार्य करता है; लेकिन जब व्यक्तिगत स्वास्थ्य या खुशहाली के मुद्दों में सुधार के लिए सामाजिक हेरफेर का उपयोग सकारात्मक रूप से किया जा सकता है।

सामाजिक जोड़-तोड़कर्ता महत्वपूर्ण मुद्दों से ध्यान भटकाने के लिए ध्यान भटकाने वाली तकनीकों का इस्तेमाल करते हैं। उनके प्रस्तावों से संभवतः आपके परिवार और उसके भविष्य सहित सभी को लाभ होगा; कोई भी भिन्न राय गलत और स्वार्थी होगी - इस प्रकार का अनुनय व्यक्तियों के साथ बच्चों जैसा व्यवहार करता है; यह प्रणाली भीड़ को यह समझाने की कोशिश करती है कि जो कुछ भी गलत हुआ वह उनकी जिम्मेदारी थी, इसलिए समाधान खोजने के लिए जब विशेषज्ञों की सलाह आपके सामने आए तो ध्यान से सुनें।

इस तरह की राजनीतिक रणनीति एक सामाजिक मुद्दे को सामने रखेगी जबकि दूसरे को छुपायेगी - ताकि जनता के बीच सामाजिक अशांति और दहशत पैदा की जा सके और वे बदलाव लाये जा सकें जिनकी वे मांग कर रहे हैं। ऐसा एक उदाहरण तब हो सकता है जब एक विभाग अपराध रोकथाम बजट को कम करके स्वास्थ्य देखभाल समस्याओं को छिपाना चाहता है और इस प्रकार अपराध के आंकड़ों को तेजी से बढ़ा रहा है; इसके बाद राजनेताओं द्वारा अपनी सच्चाई और तथ्यों को प्रसारित करके अपराध समस्या समाधान पर जानकारी वापस भेज दी जाएगी जो हमेशा सटीक नहीं हो सकती है (यानी आंकड़ों का दुरुपयोग)।

सामाजिक हेरफेर के वांछित परिणाम सामने आने में वर्षों लग सकते हैं।

मनोवैज्ञानिक हेरफेर सामाजिक प्रभाव का एक अभिन्न अंग है। कम्युनिकेशन स्टडीज के प्रोफेसर प्रेस्टन नी ने साइकोलॉजी टुडे में एक लेख प्रकाशित किया है जिसमें इस तकनीक को रेखांकित किया गया है जहां एक पक्ष व्यक्तिगत लाभ के लिए पीड़ितों का शोषण करने के लिए जानबूझकर शक्ति का असंतुलन पैदा करने से पहले दूसरे की कमजोरी को पहचानता है।

क्या यह हम सभी को सामाजिक कठपुतली बना देता है? भाग में। समाज के भीतर अराजकता से बचने के लिए हममें से अधिकांश लोग अपेक्षाओं का अनुपालन करते हैं और उनके अनुरूप होते हैं।

एक सेकंड के लिए सोचें कि आप कौन सा उत्पाद या गैजेट खरीदना सबसे अधिक पसंद करेंगे: क्या किसी मित्र ने इसका सुझाव दिया था या आपके पास पहले से ही कोई गैजेट है? अधिक संभावना यह है कि यह कोई ऐसी चीज़ है जो पहले से ही किसी और के पास है या जिसे आपने ऑनलाइन विज्ञापित देखा है, जिससे आप इसे और भी अधिक चाहते हैं। यह सामाजिक हेरफेर का ही दूसरा रूप है; यदि हम अपनी सावधानी बरतते हैं तो हमें आसानी से राजी किया जा सकता है; यह अच्छा है या बुरा, यह प्रत्येक व्यक्ति को तय करना है।

सामाजिक हेरफेर हमेशा बुरे के समान नहीं होता। जब सही तरीके से उपयोग किया जाता है, तो सामाजिक हेरफेर वास्तव में पूरे समाज को लाभ पहंचा सकता है। उदाहरण के लिए, "प्रति दिन 5 अभियान" जैसे अभियानों के माध्यम से हमें अधिक फल और सब्जियों का उपभोग करने के लिए मनाने के स्वास्थ्य विशेषज्ञों के प्रयास, या यहां तक कि धूम्रपान के खिलाफ अभियान, जिससे धूम्रपान की संख्या में कमी आई है, जिसके परिणामस्वरूप बीमारी से संबंधित जोखिम कम हुए हैं, सफल जबरदस्ती के उदाहरण हैं रणनीतियाँ अपने सर्वोत्तम स्तर पर।

गैसलाइटिंग - हेरफेर का सबसे क्रूर रूप
यह जानने जैसे सिद्धांत कि आपको गलत जानकारी दी जा रही है, अंततः इसे सत्य के रूप में स्वीकार कर लिया जाता है।

गैसलाइटिंग हेरफेर का एक अनैतिक रूप है; गैस-लाइटर अपने पीड़ितों को खुद पर संदेह करने और खुद पर भरोसा खोने का कारण बनते हैं, जिससे अंततः वे खुद से और अधिक सवाल करने लगते हैं। इससे अत्यधिक पीड़ा होती है क्योंकि उनका आत्म-सम्मान खत्म हो जाता है। गैसलाइटिंग का लक्ष्य अपने लक्ष्य को अस्थिर करना, उनके लिए मनोवैज्ञानिक तबाही पैदा करना है। जोड़-तोड़ करने वाले लगातार अपने लक्ष्य का खंडन करके या उन्हें यह विश्वास दिलाकर कि वे हमेशा गलत होते हैं, उन्हें नीचे गिरा देंगे; कभी-कभी उन्हें इस रास्ते पर ले जाया जाता है, यहां तक कि उन पर अपने बारे में झूठ गढ़ने का आरोप भी लगाया जाता है। यही कारण है कि पीड़ित सारा आत्मविश्वास खो देते हैं; एक बार ऐसा होने पर, वे पूरी तरह से एक दबंग प्रभावशाली व्यक्ति द्वारा नियंत्रित होते हैं - यह मानसिक शोषण का एक उदाहरण है जो आमतौर पर अपमानजनक व्यक्तिगत संबंधों में पाया जाता है - लगातार प्रयास किए जाते हैं कि उनके शिकार को खुद पर संदेह हो और वे जो कुछ भी याद करते हैं या उसके साथ अतीत की बातचीत में करते हैं, उस पर सवाल उठाएँ। प्रभावित करने वाला. आखिरकार, यहां तक कि स्मृतियों को भी अपने शिकार के खिलाफ इस्तेमाल की जाने वाली इन तकनीकों द्वारा प्रश्न में बुलाया जाता है, जिससे उस प्रभावशाली व्यक्ति के साथ अतीत की बातचीत में पहले से ही क्या कहा और किया जा चुका है, उस पर भी सवाल उठाया जाता है।

गैसलाइटिंग को पूरी तरह से प्रभावी होने से पहले समय की आवश्यकता होती है; इसका अपराधी धीरे-धीरे अपने शिकार को थका देगा, जब तक कि अंततः उन्हें अपनी विवेकशीलता पर संदेह न हो जाए और सवाल न हो जाए कि क्या कोई हेरफेर हो रहा था।

डॉ. जॉर्ज साइमन पीएचडी टेक्सास विश्वविद्यालय के एक नैदानिक मनोवैज्ञानिक हैं जिन्होंने समस्याग्रस्त व्यक्तित्व वाले लोगों का अध्ययन किया है। उनके अध्ययन के नतीजों ने उन्हें इस विश्वास तक पहंचाया कि कुछ व्यक्तित्व, विशेष रूप से मनोरोगी, हेरफेर में माहिर होते हैं; तथ्यों को विकृत करना और पीड़ितों के मन में संदेह पैदा करने के लिए आक्रामक भाषा का उपयोग करना और उन्हें खुद पर संदेह करने के लिए मजबूर करना और अंततः यह विश्वास दिलाना कि हेरफेर करने वाला सही है; अंततः उसके नियंत्रण में असुरक्षित लक्ष्य बन जाते हैं।

गैसलाइटिंग व्यक्तियों तक ही सीमित नहीं है; इसका उपयोग राजनीतिक संस्थाओं द्वारा भी किया गया है। मॉरीन डाउड एक ऐसी लेखिका और स्तंभकार हैं जो इस रणनीति का उपयोग करती हैं।
उन्होंने जोर देकर कहा कि हिलेरी क्लिंटन के प्रशासन ने एक प्रतिद्वंद्वी के खिलाफ गैस प्रकाश तकनीकों का इस्तेमाल किया - विरोधी राजनीतिक दल के न्यूट गिंगरिच को अक्सर इन तकनीकों द्वारा उन्मादी दिखने के लिए प्रेरित किया गया था। पत्रकारों और मनोवैज्ञानिकों का भी गानना है कि डोनाल्ड ट्रम्प ने अपने राष्ट्रपति अभियान के दौरान और कार्यालय में रहते हुए इस तरह के तरीकों का इस्तेमाल किया था। उदाहरण के लिए, वे ध्यान देते हैं कि वह कितनी बार कुछ कहता है और बाद में उसे वापस ले लेता है या कहने से इनकार भी करता है; जिसे वे क्लासिक गैस-प्रकाश तकनीकों के रूप में वर्गीकृत करते हैं। आपका साथी आपको धोखा दे रहा है और चालाकी कर रहा है

आइए व्यक्तिगत संबंधों में सामने आए हेरफेर के कुछ उदाहरणों की जांच करें, शायद आप इनमें से कुछ विशेषताओं को अपने भीतर पहचान सकें?

जोड़-तोड़ करने वाले नियंत्रण को लेकर जुनूनी होते हैं; उनके पास जितनी अधिक शक्ति होती है, उनके दाँत शिकार में उतने ही गहरे जाते हैं।

वे जासूसी और जासूसी या साहसिक खुली कार्रवाई जैसे कृत्यों के माध्यम से अन्य लोगों की व्यक्तिगत सीमाओं का उल्लंघन करेंगे। उन्हें ऐसा करने में सक्षम बनाने के लिए, फ़ोन या कंप्यूटर जैसी कोई भी व्यक्तिगत चीज़ आपके कब्ज़े में नहीं आने दी जाएगी; आपके पासवर्ड आपकी जानकारी के बिना भी चोरी हो सकते हैं। इस बीच, यदि उनके व्यक्तिगत स्थान से किसी तरह से समझौता किया जाता है, तो वे अपनी सीमाओं की जमकर रक्षा करते हैं।

आपको कुछ दोस्तों से मिलने से रोकने जैसी ज़बरदस्ती की कार्रवाइयां तब हो सकती हैं, जब कोई व्यक्ति उन चीज़ों को साझा करने से इनकार करता है जो पूरी तरह से उनकी हैं, जैसे कि आपको अपने ही सामाजिक दायरे में जाने से रोकना। सबसे पहले वे इन परिचितों

के प्रति अपनी नापसंदगी स्पष्ट करेंगे जबकि दिल से वे उन्हें संभावित खतरों के रूप में देखेंगे; ईर्ष्या अपना रूप ले लेती है और आक्रामक भी हो सकती है।

यदि आप पहले उनसे परामर्श किए बिना निर्णय लेंगे, तो वे प्रसन्न नहीं होंगे। वे नहीं चाहते कि आप स्वतंत्र इच्छा का प्रयोग करें अन्यथा एक दिन उन्हें उन्हें छोड़ना पड़ सकता है!

नियंत्रण सलाह के रूप में आ सकता है; हालाँकि, आपके पास इसे स्वीकार करने के लिए अधिक विकल्प नहीं हैं। वे आपको निर्देश दे रहे हैं कि क्या करना है और कैसे कार्य करना है। जोड़-तोड़ करने वाले साझेदार आपके दैनिक कार्यक्रम के बारे में पूरी जानकारी चाहते हैं और इससे कोई भी विचलन संभवतः उन्हें आपकी और जांच करने के लिए प्रेरित करेगा। यदि कोई ऐसी बात सामने आती है जो उन्हें आश्चर्यचकित कर देती है, तो वे निश्चित रूप से उसके बारे में सवाल-जवाब करेंगे।

ध्यान दें कि आप सार्वजनिक रूप से जो कुछ भी कहते हैं, वे अक्सर उसकी आलोचना करते हैं और आप पर अपनी शक्ति का दावा करने के साधन के रूप में आपकी राय और विचारों को तुच्छ समझते हैं।

न केवल ये लोग आपकी आलोचना करने में तत्पर होते हैं, बल्कि वे अक्सर अतिरिक्त प्रयास भी करते हैं: आप पर झूठ बोलने या खराब यादें रखने का आरोप लगाते हैं; कभी-कभी आपको मैनिपुलेटर कहने का साहस भी हो जाता है!

जोड़-तोड़ करने वालों को नियंत्रित करना कभी संतुष्ट नहीं हो सकता; जब आपको लगता है कि आप उस लक्ष्य तक पहुंच गए हैं, तो वे इसे एक बार फिर आगे बढ़ा देते हैं - जिससे आप अनिश्चित हो जाते हैं कि आपका रिश्ता कहां खड़ा है।

क्या आप एक अपमानजनक रिश्ते में उलझे हुए हैं? बिना किसी संदेह के, जोड़-तोड़ करने वालों के रिश्ते संभवतः नाखुश होंगे। जोड़-तोड़ करने वाले अप्रत्याशित होते हैं और जब उनके नियमों का उल्लंघन किया जाता है तो वे अचानक हिंसक हो सकते हैं।

अपमानजनक रिश्ते से बाहर निकलना कभी आसान नहीं होता, लेकिन ऐसे संसाधन हैं जो सहायता कर सकते हैं। एक बार जब ऐसा करना सुरक्षित हो जाए, तो उन स्थानीय संगठनों की ऑनलाइन खोज करें जो दुर्व्यवहार करने वाले साझेदारों के पीड़ितों का समर्थन करते हैं। अपना ब्राउज़िंग इतिहास भी हटा दें क्योंकि जोड़-तोड़ करने वाले के लिए कुछ भी निजी नहीं रहेगा। शुरुआत में तनावपूर्ण, लेकिन तुरंत आवश्यक मदद लेनी चाहिए।
आपके मित्र आपको अपनी चालें चलाने के लिए हेरफेर करने के लिए आपका फायदा उठा रहे हैं।

इसमें कोई संदेह नहीं है कि नए वातावरण में बंधन बनाना चुनौतीपूर्ण हो सकता है, और कभी-कभी यह प्रक्रिया डराने वाली या शत्रुतापूर्ण भी लग सकती है! हालाँकि, जब ऐसा होता है, तो लोग अक्सर बिन पानी की मछली जैसा महसूस करते हैं - अलगाव की इन भावनाओं को कभी भी नज़रअंदाज़ नहीं किया जाना चाहिए! हम सभी को जीवन में दोस्तों की

आवश्यकता होती है, और उन्हें आकर्षित करने का तरीका सीखना एक आवश्यक कौशल के रूप में देखा जाना चाहिए जो सभी व्यक्तियों के पास होता है। मनुष्य स्वभाव से सामाजिक प्राणी है और दूसरों से सहयोग चाहता है - इस नियम के बहुत कम अपवाद हैं!

मित्रों का चयन - आप किस प्रकार के मित्र चाहते हैं, इसकी एक आदर्श प्रोफ़ाइल बनाएं।

यहां मित्रों की तीन व्यापक श्रेणियां हैं:

मेरे परिचितों (दोस्तों) को नमस्कार और विदाई।

जिन लोगों से आप सामान्य परिवेश में मिलते हैं - जैसे काम पर - वे लगभग स्वचालित रूप से आपके मित्र बन जाते हैं, जैसे दिन भर के लिए मिलते समय नमस्ते और अलविदा कहना; हालाँकि, एक बार इस साझा स्थान के बाहर, ये मित्र (जो वास्तव में केवल परिचित हो सकते हैं) इन इंटरैक्शन से परे शायद ही कभी शामिल रहते हैं; हालाँकि, उन्हें जानना और जब भी आवश्यक हो, उनके कौशल का लाभ उठाना अच्छा है, लेकिन जरूरी नहीं कि वे आपके सच्चे सहयोगियों में गिने जाएँ (यूनानियों का मानना है कि आप सच्ची मित्रता को केवल एक तरफ से गिन सकते हैं - ध्यान में रखने योग्य बात!)।

शराब पीने वाले दोस्त, गोल्फ पार्टनर और शॉपिंग साथी - मौज-मस्ती करने वाले दोस्त जीवन में आते-जाते रहते हैं। वे आपके साथ वे बातें साझा करते हैं जो जीवन को मज़ेदार बनाती हैं क्योंकि वे स्वयं इसका आनंद लेते हैं, अक्सर हँसते हैं और एक-दूसरे के साथ समय बिताने का आनंद लेते हैं। हालाँकि ऐसे दोस्त आवश्यक रूप से जीवन के अर्थ या जलवायु परिवर्तन की वास्तविकता के बारे में लंबी बातचीत में शामिल नहीं होते हैं, लेकिन समय के साथ बनने वाले ये ढीले सामाजिक संबंध अमूल्य साथी बन जाते हैं।
हर कोई मौज-मस्ती करना पसंद करता है, इसलिए जब अवसर मिलता है, तो हर कोई एक साथ आनंददायक अनुभव करता है - हालाँकि आपके साथ उनके रिश्ते में गहराई के मामले में बहुत कम है।

आत्मिक मित्रो
ये आपके सुबह 3:00 बजे फ़ोन करने वाले मित्र हैं - जिन पर आप भरोसा कर सकते हैं कि यदि आप सुबह 3 बजे उनकी नींद में खलल डालते हैं तो वे बात करने के लिए तैयार और इच्छुक होंगे! सड़क यात्रा पर इन लोगों के साथ होने पर आप रूट 66 तक पहुंचने से पहले एक-दूसरे को नहीं मारेंगे!

लंबी, सार्थक बातचीत, साझा रहस्य और आपसी सहयोग इन मित्रता को परिभाषित करते हैं। जो लोग हर सुख-दुःख में आपके साथ रहते हैं, वे सच्चे जीवनसाथी होते हैं; जब आप उनकी दयालुता का प्रतिदान प्रकार से करते हैं तो ये लोग आपको गहराई से समझते हैं। कुछ दोस्त जन्म से मृत्यु तक साथ रह सकते हैं, जबकि कुछ आपको रास्ते में मिलते हैं। जो चीज़ इन दोस्ती को समय के साथ फीकी पड़ने वाली या औसत साथियों से अलग करती है, वह है उनके रिश्ते की गहराई। आत्मीय मित्रों का मिलना कठिन होता है और जब हम दोबारा मिलते हैं तो ऐसा महसूस होता है जैसे समय ही नहीं बीता है। आप वहीं से शुरू करते

हैं जहां आपने छोड़ा था क्योंकि आप एक-दूसरे को बहुत अच्छी तरह से जानते हैं; जैसे कि भाग्य ने पहले से ही तय कर लिया था कि ये आपके दोस्त होंगे। आत्मीय साथी हमारी पहचान दर्शाते हैं और हमारे जीवन में क्या महत्वपूर्ण है; इसके अलावा, जब आपको किसी की जरूरत होती है तो वे वहां मौजूद होते हैं क्योंकि वे जानते हैं कि हम कौन हैं।

वास्तविक मित्रता बनाने में समय लगता है।

सच्ची दोस्ती रातोरात नहीं बनती. समय के साथ, इसमें शामिल लोगों के बीच वास्तविक रसायन विज्ञान के माध्यम से स्थायी और घनिष्ठ मित्रता बनती है। रोमांटिक रिश्तों की तरह, सच्ची मित्रता भी इसी मौलिक रासायनिक आदान-प्रदान पर निर्भर करती है जो इसमें शामिल दोनों पक्षों से सीधे बात करती है - एक आंतरिक गीत की तरह जो दोनों से सीधे बात करती है। आप जानते हैं कि यह कब वास्तविक है क्योंकि ये बंधन स्वयं नहीं बनते हैं - बल्कि, वे पहले से मौजूद वास्तविकताओं को मौजूद रखते हैं जिन्हें आप पहचानते हैं और उन पर कार्य करते हैं। जब सच्चे आत्मिक मित्र पहली बार आपके जीवन में प्रवेश करते हैं, तो उनका प्रभाव निर्विवाद होगा: आपको तुरंत पता चल जाएगा कि जिस व्यक्ति के साथ आप तुरंत जुड़ते हैं वह उनके लिए ही बना है (होने के साथ-साथ)! सोल फ्रेंड्स आपके जीवन में उसके समापन तक अमूल्य भूमिका निभा सकते हैं, चाहे वह भौतिक हो या आध्यात्मिक। हम जानते हैं कि वे वहां हैं, यह जानते हुए कि हम फोन उठा सकते हैं और किसी भी समय कॉल करके उन्हें बातचीत के लिए तैयार पा सकते हैं; ये दोस्त सचमुच जीवन को जीने लायक बनाते हैं! यही चीज़ उन्हें विशेष और अविश्वसनीय रूप से आवश्यक बनाती है।

हालाँकि पहली नजर में अपने आत्मिक मित्रों को पहचानना आसान है, लेकिन दुनिया अक्सर इसे मुश्किल बना सकती है। फिर भी एक बार बन जाने के बाद, आत्मिक मित्र हमारी संस्कृति के अविश्वास के बावजूद लगातार बने रहते हैं: वे आपकी तलाश नहीं छोड़ेंगे और वे प्रयास करना नहीं छोड़ेंगे; समय के साथ आपके बीच का बंधन अटूट हो जाएगा और आप जीवन भर के लिए एक सहयोगी बन जाएंगे।

यहां बताया गया है कि आप नए परिचित बनाने में कैसे माहिर हो सकते हैं:

क्या आपने ज़्यादा सोचा है?
क्या आपने कभी किसी से मिलकर अजीब महसूस किया है, केवल दो मिनट की मुलाकात के बाद उनकी उपस्थिति में सहजता महसूस हुई है? याद रखें कि किसी नये व्यक्ति से मिलने पर उसके चरित्र या व्यवहार के बारे में कोई सुराग नहीं मिलता; इसलिए आपके लिए हर चीज़ का अतिविश्लेषण करना व्यर्थ होगा?

और फिर, यह मान लेना कि नए लोगों से मिलना डरावना होगा, केवल आपको उस पल में भयभीत करने का काम करता है और किसी नए व्यक्ति से मुलाकात को ऐसी चीज़ में बदल सकता है जिसे आप नापसंद करते हैं या पूरी तरह से नापसंद करते हैं। अक्सर जब हम लोगों के प्रति शर्म महसूस करते हैं तो यह डर के कारण होता है जो हमें जीवन भर चलने वाले सार्थक रिश्ते बनाने से रोकता है - अन्य लोगों के साथ बुरे अनुभव इस विकास प्रक्रिया

में काफी बाधा डालते हैं; इसलिए यह महत्वपूर्ण है कि हम जितनी जल्दी हो सके डरावनी बैठकों के इस भ्रम से खुद को दूर कर लें! इस प्रवृत्ति का मुकाबला करने के लिए और यह सुनिश्चित करने के लिए कि हम सार्थक बंधन बनाते हैं, हमें लोगों से मिलने के बारे में किसी भी धारणा को त्याग देना चाहिए, जिससे हम भयभीत, सतर्क हो जाएंगे या इसे पूरी तरह से नापसंद करेंगे - इस धारणा से खुद को दूर रखें ताकि आप सार्थक दीर्घकालिक बंधन बनाने के लिए तैयार हो जाएं जो टिके रहें। जिंदगी भर। इस प्रकार यह सबसे अच्छा होगा यदि हम अपने आप को इस भ्रम से दूर कर लें कि किसी से मिलने से हम सावधान हो जाएंगे या घृणित मुठभेड़ें होंगी; आम तौर पर हमें किसी के प्रति (या किसी भी मुठभेड़ के दौरान) अजीब या शर्मीला महसूस करने की इस राह पर ले जाया जाता है। जीवन हमें अलग-थलग कर देता है, जिससे हमें संदेह होता है, जीवन कठिन हो जाता है और स्थायी संबंध बनाने की कोशिश में दशकों लग सकते हैं! इसका समाधान इस मिथक से खुद को दूर करना है कि किसी से मिलने से किसी से या किसी से मिलना नया हो जाएगा - इसके बजाय खुद को इस धारणा से दूर करने का प्रयास करें कि किसी से मिलने का मतलब उनसे मिलने से पूरी तरह डरना होगा, इस विचार से कि किसी नए से मिलने का मतलब कुछ भी करना है ...

अजनबियों से मिलना चुनौतीपूर्ण हो सकता है, इसलिए पहली बातचीत कैसे की जाए, इसके बारे में ज़्यादा सोचना बंद करें; ऐसे सार्थक संबंध कैसे बनाएं जो आपके जीवन को समृद्ध बना सकें। इन महत्वपूर्ण रिश्तों के बारे में जरूरत से ज्यादा सोचने के परिणामस्वरूप हम अकेले और अलग थलग रह सकते हैं, जो वास्तव में कभी भी एक-दूसरे के साथ प्रामाणिक या स्थायी तरीके से नहीं जुड़ पाते हैं जैसा कि इंसानों को करना चाहिए।

क्या पता दूसरा पक्ष आपसे मिलने से घबरा रहा हो? इस अनिश्चित समय में, हममें से अधिकांश लोग एक-दूसरे के प्रति अविश्वास महसूस करते हैं और आश्चर्य करते हैं कि जब भी हम किसी से मिलते हैं तो उनके पास वास्तविक उद्देश्य और इरादे होते हैं। सबसे अधिक संभावना है कि वे ऐसा करते हैं; व्यक्तियों के बीच विश्वास खो गया है।

आराम करें और अपने मन में उस पहली मुलाकात की एक सकारात्मक छवि बनाएं; जो स्वास्थ्य को चित्रित करता है। दुर्भाग्यवश, पहली नज़र में कई लोग आपके बारे में ग़लत राय बना सकते हैं। हर कोई जानने लायक चीज़ों के बारे में सांस्कृतिक धारणाएँ रखता है। संभवतः आप भी ऐसा करते होंगे. खुद को दूसरों के लिए खोलने और ब्रह्मांड को आपसे जुड़ने की अनुमति देने की कुंजी खुद को खोलना और चीजों को व्यवस्थित रूप से प्रकट होने की अनुमति देना है - यह अद्भुत काम करता है! लायक मित्र जानते हैं कि केवल सतही विशेषताओं के आधार पर निर्णय लेना नासमझी है। डर सिर्फ हमारे मन में ही रहता है - इसे दूर करें! किसी भी पूर्वधारणा और भय को दूर रखें और लोगों को प्रभावी ढंग से पढ़ने के लिए अपने अंतर्ज्ञान पर भरोसा करें। अपने आप पर और अपने ज्ञान पर भरोसा रखें - आपने लोगों के व्यवहार, भाषण पैटर्न और गैर-मौखिक संकेतकों को पढ़कर यह पहचानने के लिए पर्याप्त सीखा है कि वे ईमानदार हैं या नहीं, जिससे पता चलता है कि वे वास्तव में कौन हैं। खुद पर भरोसा रखें और खुद पर भरोसा रखें; इसमें डरने की कोई बात नहीं है; संदेह या झिझक की कोई आवश्यकता नहीं!

अब आप सामाजिक मेलजोल में सीधे कूदने और समान विचारधारा वाले व्यक्तियों को मित्र के रूप में खोजने के लिए तैयार हैं। सामाजिक मनोविज्ञान के अभ्यास से प्राप्त आपके नए कौशल से खोज बहुत आसान हो जाएगी।

बहुत जल्दी स्थापित करें कि कौन बुरा है और कौन अच्छा है। हालाँकि बिग बैड वुल्फ अभी भी मौजूद हो सकता है, आप एक कुशल और सक्षम सामाजिक रूप से जागरूक व्यक्ति बन गए हैं; अब आपकी आंखों पर पर्दा डालने वाले किसी भी व्यक्ति द्वारा मूर्ख बनाए जाने का खतरा नहीं है। आपका नया ज्ञान आपके लिए यह समझना आसान बना देता है कि जिन लोगों से आप मिलते हैं उनमें से कौन आपका सच्चा दोस्त बन सकता है; यहां अब कोई अनुमान लगाने की आवश्यकता नहीं है - अब जब आप रस्सियों को समझ गए हैं!

अपनी गति से आगे बढ़ें

यदि आप लंबे समय तक सामाजिक संपर्क से बाहर रहे हैं, तो जब आप इसमें वापस आना शुरू करेंगे तो नए लोगों से मिलना कठिन लग सकता है (जैसे किसी सेमिनार या पार्टी में)। इसे अपनी गति से लें, हालाँकि, आप उन दोस्तों या परिचितों की तलाश करके उस दुविधा से बच सकते हैं जिन्हें आप जानते हैं कि वे किसी आगामी कार्यक्रम में उपस्थित होंगे और उसमें भाग लेने से पहले उनसे मिल लेंगे - इससे सामाजिक स्थितियों में दोबारा प्रवेश करते समय आपके दिमाग को आराम मिलेगा। जब तक आप किसी कार्यक्रम में पहुंचेंगे, आपकी चिंता काफी हद तक कम हो जानी चाहिए। यह जानना कि कोई मौजूद होगा, आपको दूसरों से परिचित करा सकता है, जबकि आपके दोस्त संभवतः आपके द्वारा महसूस किए जा रहे किसी भी तनाव को महसूस करेंगे और समर्थन के रूप में वहां मौजूद रहेंगे - किसी ऐसे व्यक्ति से सहायता मांगने में कभी संकोच न करें जिसे आप जानते हैं; दोस्त इसी लिए होते हैं! जैसा कि हमने इस पुस्तक में पाया है - वे अमूल्य सहायता प्रदान करते हैं!

क्या आप अलग-थलग रहने के बाद फिर से सामाजिक जीवन स्थापित करना चाहते हैं? परिवर्तन को आसान बनाने के लिए यहां कुछ प्रभावी समाधान दिए गए हैं:

परिचितों तक पहुंचने से शुरुआत करें - नमस्ते-अलविदा न्यूनतम जोखिम के साथ एक आसान पहला कदम है।

अपने पहले से मौजूद मित्रों के छोटे समूहों को शामिल करने के लिए अपने सामाजिक दायरे का विस्तार करें; बस यह देखने के लिए कि लोग कैसे संबंधित हैं; समूहों में लोगों के आसपास रहने की आदत को बिना किसी डर या भय के महसूस किए वापस लाना। इसे डराने की ज़रूरत नहीं है; चीजों को धीरे से लें.

नए लोगों के साथ होने वाली बैठकों में अपने दोस्तों को शामिल करके अपने सामाजिक दायरे का विस्तार करें। जब वे सुनेंगे कि आप फिर से सक्रिय सामाजिक जीवन जीना चाहते हैं, तो अधिकांश लोग मदद करने में प्रसन्न होंगे!

अपने आराम क्षेत्र से बाहर कदम रखें और अपने परिचितों के सामान्य दायरे से बाहर के लोगों के साथ मेलजोल बढ़ाने का निमंत्रण स्वीकार करें। वे कहते हैं कि सबसे मीठा फल किनारे पर होता है, इसलिए बाहर निकलें! अपने और दूसरों के बारे में और अधिक सीखते

हुए नए लोगों के साथ नए अनुभवों का आनंद लें - लोगों को आपके जैसे आकर्षक और बुद्धिमान व्यक्ति से क्यों नहीं मिलना चाहिए?

सामाजिक मेलजोल में सक्रिय रहें! नए लोगों से मिलने के लिए सक्रिय दृष्टिकोण अपनाएँ।

एक बार जब आप सामाजिक संपर्क फिर से शुरू करने में सहज हो जाते हैं और दूसरों से अलग-थलग महसूस नहीं करते हैं, तो आप सक्रिय रूप से उन लोगों की तलाश कर सकते हैं जिन्हें आप पहले से जानते हैं और साथ ही आपके लिए नए लोगों की भी तलाश कर सकते हैं। मित्र और परिचित सामाजिक संबंध का आधार प्रदान करते हैं लेकिन आपको उन क्षेत्रों में और विस्तार करना चाहिए जो अपरिचित हो सकते हैं जैसे:

ऐसे समूह में शामिल हों जो आपके शौक और अन्य रुचियों को साझा करता हो।

कार्यशालाओं में भाग लेने या अध्ययन के ऐसे पाठ्यक्रम लेने के लिए पंजीकरण करें जो आपको पसंद हों, जैसे कार्यशालाएं या अध्ययन के पाठ्यक्रम जो समान रुचि रखते हों। आपके लिए ऐसे समूहों में मित्र बनाना आसान होगा जहां सभी सदस्य समान लक्ष्य साझा करते हैं।

स्वयंसेवक बनें और आप इस प्रक्रिया में नए दोस्त बनाते हुए सेवा करने का आनंद लेंगे। इतना ही नहीं, बल्कि स्वयंसेवा उन कौशलों और योग्यताओं को विकसित करने का सही तरीका प्रदान करती है जिन्हें आप निखारने की उम्मीद कर रहे होंगे। कार्यशालाओं या समूहों की तरह, रुचि साझा करना स्वयंसेवक समूह के सदस्यों के बीच एक सामान्य जुड़ाव बिंदु प्रदान करता है - और स्वयंसेवा भी अलग नहीं है!
जन्मदिन पार्टियों, सामाजिक समारोहों और अन्य समारोहों के निमंत्रण स्वीकार करें जहां आप जिन लोगों से जुड़ना चाहते हैं वे मिल सकते हैं। उन सभी बाधाओं को तोड़ें जो उन लोगों को आगे आने से रोक सकती हैं जिनसे आप मिलना चाहते हैं।

समान रुचियों वाले लोगों के साथ सामाजिक कार्यक्रमों और "मुलाकातों" में भाग लें। इसके अतिरिक्त, नियमित रूप से बार में जाने से मदद मिल सकती है; हर जगह ऐसे लोग हैं जो बात करने के लिए किसी दिलचस्प व्यक्ति की तलाश में हैं; शायद आपकी तरह वे भी अलगाव या सामाजिक ठहराव से बाहर निकलने का रास्ता चाहते हों! अपने क्षितिज का विस्तार करने के लिए केवल आप ही जिम्मेदार हैं - कोई भी आपके लिए उन्हें बाहर की ओर नहीं धकेलेगा।

ऑनलाइन समुदायों से जुड़ें - ये आभासी हो सकते हैं, लेकिन मैं व्यक्तिगत अनुभव से जानता हूं कि ये वास्तविक दुनिया में मित्रता पैदा कर सकते हैं। उदाहरण के लिए, मैं फेसबुक और अन्य ऑनलाइन समुदायों के माध्यम से वास्तविक दुनिया के कई दोस्तों से मिला हूं; कभी-कभी अपने विचारों को लिखित रूप में साझा करने से मौखिक की तुलना में संवाद करना आसान हो जाता है; इससे स्थायी संबंधों को बढ़ावा देने में मदद मिल सकती है जो प्रारंभिक बैठक के बाद भी कायम रहते हैं! साथ ही, आपको संभावित नए मित्र से वास्तव में मिलने से पहले उनकी लेखन शैली का विश्लेषण करना होगा!

पहल करना

लोगों के आपके पास आने का इंतज़ार करने की कोई ज़रूरत नहीं है; आख़िरकार, वे भी आपकी ही तरह आरक्षित हो सकते हैं। कोई भी परिवार के अलावा किसी को जानने के लिए पैदा नहीं हुआ है; फिर भी, लोगों से मिलना अक्सर असफल या असफल हो सकता है। बस "आप कैसे हैं" और "आप कहां से हैं" जैसे सरल प्रश्नों का उपयोग करके लोगों से संपर्क करें। अपने आस-पास के लोगों के प्रति खुले रहने से इस बात में अविश्वसनीय अंतर आएगा कि लोग आपके प्रति कितनी तत्परता से खुलेंगे!

याद रखें कि आप अपने और किसी अजनबी के बीच बर्फ़ तोड़ने की कोशिश कर रहे हैं, इसलिए ज़्यादा बातचीत न करें। मित्रतापूर्ण रहें, लेकिन दखलअंदाज़ी न करें, और यदि दूसरे तुरंत प्रतिक्रिया न दें तो निराश न हों - जब भी संभव हो, स्वयं को उनके स्थान पर रखें।
वे कहां खड़े हैं, इसका मूल्यांकन करने के लिए इस पुस्तक के पाठों का उपयोग करें और वहां उनसे मिलें। दूसरों के बारे में निर्णय लेते समय नम्र रहें - हर कोई किसी न किसी बिंदु पर दूसरे का मूल्यांकन करता है! व्यक्तियों के बीच जुड़ाव के लिए समय निकालें जहां दोनों प्रतिभागी पारस्परिक रहस्योद्घाटन की आशा करते हैं।

निर्णयात्मक बनने के किसी भी प्रलोभन को अस्वीकार करें।

कोई भी पूर्ण नहीं है - और इसमें आप भी शामिल हैं। मानव स्वभाव हमें लोगों को जानने से पहले उनका कठोरता से मूल्यांकन करने के लिए प्रेरित करता है, जो हमारी जीवित रहने की प्रवृत्ति से उत्पन्न होता है और हमें उन लोगों से बचने के लिए कहता है जो संभावित रूप से हमारे लिए खतरा पैदा कर सकते हैं। लेकिन आधुनिक लोगों के पास अपने निपटान में अधिक प्रभावी उपकरण हैं, जिनमें गैर-मौखिक भाषा कौशल भी शामिल है जो उन्हें ऐसे लोगों की पहचान करने की अनुमति देता है जो एक साथी में जो चाहते हैं उससे मेल नहीं खाते हैं।

जिन लोगों से हमारा सामना होता है उनके प्रति खुला रहना गहरी दोस्ती का प्रवेश द्वार है, क्योंकि यह हमें दूसरों की शैली, रूप-रंग या दृष्टिकोण को अधिक स्वीकार करने में मदद करता है। छोटी-मोटी उलझनों के कारण लोगों को अस्वीकार न करना इस बात को स्वीकार करने में महत्वपूर्ण है कि कौन हमारे दायरे में प्रवेश कर सकता है - यही रहस्य है!
कभी-कभी सबसे असंभावित व्यक्ति समय के साथ हमारा सबसे सच्चा दोस्त बन जाता है। हर कोई मित्रता की खोज करता है, लेकिन अपने जीवन बिताने के लिए मित्रों का चयन करने से पहले हमें स्वयं से लगातार पूछना चाहिए कि क्या हम अपने मानदंडों पर खरे उतरते हैं। जैसा कि मैंने इस पुस्तक में बार-बार कहा है, स्वयं को जानना दूसरों को जानने की कुंजी है - संभावित मित्रों को उनकी वजह से ख़ारिज करने से पहले अपनी चुनौतियों का समाधान करना न भूलें!

अध्याय 6: भावनात्मक हेरफेर के तंत्र को समझना

मनुष्य भावनात्मक प्राणी हैं, जिनमें तर्क या तर्कसंगतता की बहुत कम परवाह होती है, जिसके कारण वे तर्क और तार्किक क्षमताओं की बजाय भावनाओं पर आधारित निर्णय लेते हैं। यह मीडिया रिपोर्टिंग में परिलक्षित होता है; अक्सर ऐसी घटनाओं को भावनात्मक पूर्वाग्रह के साथ चित्रित या रिपोर्ट किया जाता है जो प्रसारित होने पर दर्शकों की समान प्रतिक्रियाएँ भड़का सकती हैं।

यह समझने में एक महत्वपूर्ण तत्व कि लोग अनुनय पर कैसे प्रतिक्रिया करते हैं, भावनाओं में निहित है। भावनाएँ प्रचुर ऊर्जा प्रदान करती हैं जो हमें किसी भी कार्य को पूरा करने की अनुमति देती हैं; यहां तक कि बिक्री भी प्रस्तुतियों के दौरान उत्पन्न भावनात्मक उत्तेजनाओं से निर्धारित होती है; इससे कोई फर्क नहीं पड़ता कि आप चीजों को कितना तार्किक रूप से प्रस्तुत कर सकते हैं; अंततः उन वार्ताओं के दौरान उत्पन्न प्रतिक्रियाओं के कारण संभावित ग्राहक को आपका उत्पाद खरीदना ही होगा।

दूसरी ओर, तर्क तथ्यों और आंकड़ों पर निर्भर करता है; किसी भी मुद्दे के पीछे यही तर्क और तर्क है। दुर्भाग्य से उन विक्रयकर्ताओं के लिए जो उत्पादों और सेवाओं को बेचते समय केवल तर्क पर भरोसा करते हैं; यदि उनका दर्शन भावनाओं पर अधिक निर्भर करता है तो बिक्री अधिक आसानी से और सफलतापूर्वक होगी।

क्या आप मानते हैं कि मनुष्य तर्कसंगत प्राणी हैं? किस तर्क के आधार पर निर्णय और राय बनती है? क्या लगातार प्रस्तुत किए गए तथ्यों के आधार पर मनुष्य अलग-अलग प्रतिक्रिया करता है? एक जिज्ञासु व्यक्ति के लिए ये सभी आवश्यक प्रश्न हैं ताकि वह यह जान सके कि भावनाएँ और तर्क कैसे परस्पर क्रिया करते हैं, अन्य मनुष्यों को सकारात्मक तरीके से प्रभावित करते हैं।
भावनात्मक रूप से तार्किक जानकारी देने की आपकी क्षमता आपके दर्शकों में भावनात्मक अनुनाद के बिना तथ्यों और तर्क को प्रसारित करने की तुलना में अधिक प्रतिक्रिया उत्पन्न करेगी, जिसके परिणामस्वरूप अनिवार्य रूप से श्रोताओं से कोई सकारात्मक प्रतिक्रिया नहीं मिलेगी। तर्क मनुष्य को प्रेरित करता है जबकि भावना किसी को निर्णायक कार्रवाई करने के लिए प्रेरित करती है जिससे अच्छे परिणाम मिलते हैं।

आइए कुछ ऐसे तरीकों पर गौर करें जिनसे आप भावनाओं और तर्क के संयोजन से दूसरों को प्रभावित कर सकते हैं, जैसे:

दूसरों के साथ सामान्य पहचान स्थापित करें

लोगों को नियंत्रित करने का एक तरीका संबंध बनाना और जितना संभव हो सके उनके साथ समान आधार खोजना है। एक लोकप्रिय मुहावरा कहता है "उलझाने के लिए दो लोगों की ज़रूरत होती है", इसलिए किसी को प्रभावित करने के लिए, इसमें शामिल दोनों पक्षों को समान लक्ष्य, अनुभव और विचार साझा करने होंगे - इस तरह यह बहुत आसान हो जाता

है। साझेदारी या रिश्तों में सामान्य आधार तब आसान हो जाते हैं जब लोग संस्कृतियों को एक अतिरिक्त परत बनाने के बजाय समान पहचान साझा करते हैं। जब हम चरित्र में समानताएं बनाते हैं तो हम साझा लक्ष्यों और उद्देश्यों के माध्यम से एकजुट हो जाते हैं, एक-दूसरे से भावनात्मक समर्थन, साझा मान्यताओं के तर्क, साझा सामूहिक दृष्टि मिशन वास्तविकता बन जाते हैं।

अपने साथी की विश्वास प्रणाली की गहराई से खोज करना

कोई भी किसी ऐसे व्यक्ति के साथ गहरा या पारस्परिक रूप से संतोषजनक रिश्ता नहीं रख सकता है जिसे वे व्यक्तित्व लक्षणों और अन्य आवश्यक मनोवैज्ञानिक प्रवृत्तियों के संदर्भ में पूरी तरह से नहीं समझते हैं। हालाँकि, उनकी विश्वास प्रणाली का गहराई से अध्ययन करके, आप उन्हें बेहतर ढंग से समझ सकते हैं और धीरे-धीरे अपने लाभ के लिए उन्हें प्रभावित कर सकते हैं।

उनके पूर्वाग्रहों को स्वीकार करने के तरीकों की खोज

विभिन्न मान्यताओं वाले किसी व्यक्ति को प्रभावित करना अक्सर कठिन होता है, चाहे आपके तर्क की गुणवत्ता कुछ भी हो। इसके बजाय, पूर्वाग्रह कार्ड को प्रभावी ढंग से खेलकर उसके पूर्वाग्रहों को दूर करने के लिए प्रभावी रणनीतियों की तलाश करें। आप यह कैसे कर सकते हैं? इन मामलों के बारे में उनसे सीधे बातचीत करके।
किसी को आकर्षित करने के लिए उनके पसंदीदा विचारों और बिंदुओं का पता लगाना और फिर उन्हें प्रस्तुत करना आवश्यक है। इस दृष्टिकोण से, आपका लक्ष्य आपके आसपास आराम महसूस करेगा और अधिक संभावना है कि उसे अपने निजी जीवन तक पहुंच मिलेगी।

अपनी चर्चाओं में लड़ाई या उड़ान से बचें

तर्क और भावना का उपयोग करके लोगों को प्रभावित करना तब सबसे अच्छा काम करता है जब बैठकें और चर्चाएं लड़ाई-या-उड़ान व्यवहार के उदाहरणों के बिना आयोजित की जाती हैं, जैसे कि रिश्तों में संघर्ष और गलतफहमी जो उड़ान या लड़ाई की ओर ले जाती हैं। ऐसे क्षणों में, तर्कसंगतता की गलत व्याख्या हो जाती है, लक्ष्य पूरे नहीं हो पाते हैं, और तर्क-वितर्क लड़ाई-या-उड़ान के माहौल के खिलाफ प्रगति नहीं कर सकते हैं।

अध्याय 7: विषाक्त रिश्तों और दोस्ती से बचें, और उन्हें कैसे रोकें

एक विशेषज्ञ जोड़-तोड़कर्ता का लक्ष्य अपने लक्ष्य के साथ एक अस्वास्थ्यकर दीर्घकालिक संबंध बनाना और उन पर पूर्ण नियंत्रण बनाए रखना है, जिससे केवल उन्हें ही लाभ होगा। एक प्रभावी साझेदारी के लिए अपने प्रतिभागियों के बीच समान समर्थन की आवश्यकता होती है। यदि एक साथी हमेशा अधिक ऑफर करता प्रतीत होता है, तो यह एक स्पष्ट संकेत हो सकता है कि आपका जीवनसाथी आपके रिश्ते में अपने इरादों के प्रति ईमानदार नहीं है। मनोवैज्ञानिक हेरफेर तब होता है जब एक पक्ष दूसरे व्यक्ति का फायदा उठाने के उद्देश्य से शक्ति का असंतुलन पैदा करने का प्रयास करता है। हेरफेर विभिन्न तरीकों से प्रकट हो सकता है, फिर भी सभी के बीच एक सामान्य सूत्र यह है कि एक व्यक्ति, हेरफेर करने वाले को लाभ होगा जबकि दूसरे व्यक्ति - जिसे आमतौर पर पीड़ित के रूप में जाना जाता है - को नुकसान नहीं पहुंचाया जा सकता है। कुछ व्यक्ति बिना यह जाने कि वे विषाक्त संबंधों में प्रवेश कर चुके हैं, रिश्तों में शामिल हो जाते हैं। पहली नज़र में, उनकी साझेदारी बिना किसी संकेत के हानिरहित लग सकती है कि बाद में जोड़-तोड़ करने वाले के साथ व्यवहार करते समय तनाव और जटिलताएँ उनका इंतजार कर रही हैं। इस तरह की जबरदस्ती की विधियाँ जोड़-तोड़ करने वालों को व्यक्तिगत रूप से जाने बिना अपने लक्ष्य तक पहुँचने और उस पर नियंत्रण करने में सक्षम बनाती हैं। स्वाभाविक रूप से, रिश्तों की शुरुआत नाटक या जोड़-तोड़ करने वाले से स्वायत्तता छीनने की रणनीति से नहीं होगी; अपने लक्ष्य की शुरुआत करते समय वे पूरी तरह से दूसरी दिशा में जाते दिखेंगे; समय के साथ इस प्रकार का दृष्टिकोण प्रभावी हो सकता है क्योंकि अधिक समय बीत जाएगा।

आरंभिक ध्यान आकर्षित करने वाले व्यवहार से संभवतः उन्हें कोई समस्या नहीं होगी; हालाँकि, जब उनका लक्ष्य उन दोनों के लिए अत्यधिक व्यक्तिगत और महत्वपूर्ण हो जाता है, तो यह प्रगति में कुछ बाधाएँ पैदा कर सकता है।
इस बिंदु पर, जोड़तोड़ करने वाला रणनीतियाँ बदलना शुरू कर देता है। यह परिवर्तन रातोरात नहीं होगा बल्कि समय पर अपने उद्देश्यों तक पहुंचने में कई सप्ताह लग सकते हैं। इस स्तर पर, उनका ध्यान विवाह को बनाए रखने और मजबूत करने पर इतना केंद्रित हो गया होगा कि किसी भी मुद्दे या दुर्व्यवहार को पहले की तुलना में अधिक आसानी से नजरअंदाज कर दिया जाएगा।

जाहिर तौर पर, कुछ ऐसे संकेतक हैं जो इस बात की ओर इशारा करते हैं कि कोई आपके रिश्ते में हेरफेर कर रहा है। यदि आपको संदेह है कि आपकी शादी में कोई जहरीला हो सकता है और परेशानी पैदा कर सकता है या संभावित रूप से बाहरी ताकतों द्वारा प्रभावशाली या जोड़-तोड़ करने वाले के रूप में इस्तेमाल किया जा सकता है, तो इन संकेतों की जांच करना बुद्धिमानी है:

जोड़-तोड़ करने वाले आपको विभिन्न तरीकों से अपने आराम क्षेत्र से बाहर निकलने के लिए प्रोत्साहित करेंगे, सामाजिक दबाव, शारीरिक बल और मनोवैज्ञानिक हेरफेर के साथ, इन सभी का उपयोग हितों को उस चीज़ से दूर करने के लिए हथियार के रूप में किया जाएगा जो उन्हें करना चाहिए। वे नियंत्रण में रहने वाले व्यक्ति बन जाते हैं और यह

सुनिश्चित करते हैं कि उनके हित एक-दूसरे के हितों से बेमेल हो जाएं। इस पूरी यात्रा के दौरान वे आप पर अधिकार रखने वाले व्यक्ति बन जाते हैं।

जैसे ही आपका आत्मविश्वास कम होने लगता है, आपका फायदा उठाने की कोशिश करने वाले किसी भी व्यक्ति के लिए हेरफेर आसान हो जाता है। हमारा विश्वास जल्दी ही हमसे वापस ले लिया जाता है क्योंकि चालाकी करने वाले हमें महान से कमतर महसूस कराकर और व्यक्तिगत लाभ के लिए हमारी कमजोरियों का उपयोग करके इसका तुरंत फायदा उठाते हैं।

गुप्त उपचार. इस तकनीक में, कोई अपने जोड़-तोड़ करने वाले से कोई भी छोटी सी बात निकाल लेता है और उसे बड़ा करके अपने लिए अप्रिय स्थिति पैदा कर लेता है और अपने लक्ष्य को खतरे में डाल देता है। हम ईमेल अलर्ट, वॉइस मेल नोटिफिकेशन, टेक्स्ट संदेश और ईमेल प्रदान करके तब तक मौन उपचार का उपयोग करते हैं जब तक कि आवश्यक होने पर हम इसे समाप्त नहीं कर देते। यह जानते हुए कि मौन उपचार कब समाप्त हो गया है, सब कुछ नियंत्रण में रखना केवल उनके और इसमें शामिल सभी लोगों के लिए और अधिक समस्याएँ ला सकता है।

पश्चाताप की यात्रा. किसी को भी जिम्मेदार महसूस करना पसंद नहीं है, इसलिए जब अपराधबोध का अनुभव होता है तो हम इसे जितनी जल्दी हो सके कम करने की पूरी कोशिश करते हैं। जोड़-तोड़ करने वाला यह बात अच्छी तरह से जानता है और वह अपने कार्यों को स्पष्ट करने के लिए हर बहाने का उपयोग करेगा।
अस्वस्थ विवाह अक्सर अनसुलझे विवादों में फंस जाते हैं जो विभिन्न कारणों से अनसुलझे रह जाते हैं, भागीदारों के बीच कोई संपर्क नहीं होता है और जोड़-तोड़ करने वाले का जानबूझकर संघर्षों को हल करने का कोई इरादा नहीं होता है। यदि आपकी स्थिति ऐसी है, तो इस मुद्दे को हल करने के लिए मिलकर काम करने के बजाय यह सोचना आसान और बेहतर होगा कि बातचीत शुरू हो गई है या समाप्त हो गई है।

अब हम समझ सकते हैं कि विवाह के प्रति यह दृष्टिकोण आदर्श नहीं है। कोई भी ऐसे रिश्ते में फंसा हुआ महसूस नहीं करना चाहता, जिसमें ऐसा लगता है कि किसी अन्य व्यक्ति का हमेशा हमारे जीवन पर नियंत्रण है और वह हमारे लिए निर्णय लेता है, न कि हमारे जीवन को हम स्वतंत्र रूप से प्रबंधित करते हैं। इसलिए अपना पूरा फायदा उठाए बिना, हमें अपना फायदा उठाए बिना इस रणनीति का समर्थन करने के लिए किसी को ढूंढना होगा। हालाँकि, बहुत तेज़ी से आगे बढ़ने से पहले हमें यह निर्धारित करने के लिए कुछ प्रमुख प्रश्नों का उत्तर देना होगा कि क्या हमारा जीवनसाथी वास्तव में चालाकी कर सकता है। जैसे ही हमने इस गाइडबुक को पढ़ा, आपको बेहतर अंदाज़ा हो जाएगा कि आपकी दोस्ती जबरदस्ती वाली है या नहीं। यदि इनमें से कोई एक साझेदारी होती है तो आप अपनी सुरक्षा के लिए कुछ उपाय अपना सकते हैं, जैसे कि अपने अधिकारों को स्वीकार करना। चूंकि मित्रता समय के साथ विकसित हो सकती है, इसलिए यह याद रखना चुनौतीपूर्ण हो सकता है कि जब किसी चालाक व्यक्ति ने आपकी जरूरतों को नजरअंदाज कर दिया हो तो अपने लिए कैसे खड़ा होना है। आपको यह कभी नहीं भूलना चाहिए कि आपके मौलिक अधिकारों को हमेशा बरकरार रखा जाना चाहिए और उनका हमेशा सम्मान किया जाना चाहिए। आपके पास

विभिन्न स्वतंत्रताएं हैं, जैसे दूसरों का सम्मान करना, राय और इच्छाओं को स्वतंत्र रूप से व्यक्त करना, किसी से प्रभावित हुए बिना व्यक्तिगत लक्ष्य निर्धारित करना और दूसरों को ना कहना। इसके अलावा, किसी से अलग राय रखने से मनोवैज्ञानिक, मानसिक और भावनात्मक सुरक्षा सुनिश्चित हो सकती है और यदि वांछित हो तो किसी अन्य व्यक्ति से स्वतंत्र होकर एक पूर्ण जीवन जीने की अनुमति मिलती है।

ये विशेषाधिकार लंबे समय में जोड़-तोड़ करने वालों द्वारा आपसे छीन लिए जा सकते हैं। प्रभावी निर्णय लेने के लिए नियंत्रण प्रदान करने और वे जो कहते हैं उस पर कार्य करने से, ये लाभ नियंत्रण बनाए रखने में मदद करते हैं। लेकिन किसी भी स्थिति में दोबारा प्रवेश करने से पहले, आगे सोचना याद रखें। जब किसी से सामना हो तो सावधान रहें। किसी ऐसे अधिकारी के ख़िलाफ़ बोलते समय अपनी सलाह को गंभीरता से लें जो चाहता है कि आप उनकी इच्छा के विरुद्ध कार्य करें।
अपनी स्वतंत्रता पुनः प्राप्त करें, चालाकी करने वाले मित्र से बात करते समय गहरी सांस लें और प्रयास करें। केवल आप ही अपने जीवन के स्वामी हैं; इसलिए दूर रहो. जोड़-तोड़ करने वाले दोस्तों के साथ व्यवहार करते समय दूर रहना महत्वपूर्ण है - स्पष्ट रहने के लिए जो भी करना पड़े करें! उन्हें हाथ की दूरी पर रखना अक्सर सबसे अच्छा अभ्यास होता है। अगर अब बहुत देर हो चुकी है तो कम से कम आप दोनों के बीच कुछ जगह बनाने की कोशिश करें। उन्हें आपके बारे में जानने, अपनी कमजोरियों का आंकलन करने और किसी बेईमान व्यक्ति के साथ भविष्य में होने वाली किसी भी मुठभेड़ का फायदा उठाने के लिए योजनाएं तैयार करने का एक और मौका देने का मतलब केवल उन्हें आपका फायदा उठाने और आपकी भविष्य की योजनाओं का फायदा उठाने का अधिक मौका देना है। बेईमान व्यक्तियों से दूर रहना ही पहला और एकमात्र प्रभावी बचाव है। जब आप बदलाव के लिए प्रोत्साहन महसूस करें तो विपरीत रास्ता अपनाएं। ध्यान दें कि जोड़-तोड़ करने वाले आपको फिर से एकजुट करने और अपने लाभ के लिए फिर से उपयोग करने के प्रयास में, आपको बुरा महसूस कराने का प्रयास करते हैं। इन लोगों से दूर रहना आपके हित में होगा; अपने बारे में खेद महसूस करके या उनके उद्देश्य का समर्थन करके उनके जाल में न फँसें।

जोड़-तोड़ करने वालों के व्यवहार का एक अतिरिक्त पहलू आपकी कमजोरियों का फायदा उठाना है। एक बार जब उन्हें आपकी कमजोरियों का पता चल जाता है, तो वह आपके खिलाफ उनका पूरी तरह से शोषण कर सकते हैं - आपको अपर्याप्त महसूस करवाते हैं, अक्सर उनके कारण होने वाले भ्रम के लिए खुद को दंडित करते हैं, जिससे खुद को दोष देना आसान हो जाता है और अक्सर खुद को लगातार दंडित करते हैं क्योंकि उनसे सजा बढ़ती जाती है। वे जानते हैं कि इससे उन्हें लक्ष्यों को लगातार बदलते हुए यथासंभव लंबे समय तक नियंत्रण बनाए रखने की अनुमति मिलेगी ताकि आप कभी भी अपने द्वारा निर्धारित मानकों तक नहीं पहुंच सकें - अक्षम्य भ्रम पैदा होगा जो उन्हें अपने इच्छित गंतव्यों को प्राप्त करने की अनुमति देगा।

इस हेराफेरी को जारी न रहने दें. हम आपका उपयोग करना चाहते हैं और जो भी कमियाँ हैं उनके लिए आपको दोषी ठहराना चाहते हैं ताकि आप बुरा महसूस करते रहें और बेहतर महसूस करने के लिए उनसे मान्यता प्राप्त करें। जोड़-तोड़ करने वाले के दावों से सावधान

रहें कि यह सारा दोष अकेले आपका है - इसमें से कोई भी वास्तव में आपकी ज़िम्मेदारी नहीं है; यह सब केवल आपको बुरा महसूस कराने के लिए किया जाता है।

कंपनी और आपके विशेषाधिकारों को देने की अधिक संभावना बनाना, यह जानना कि क्यों और ना कहना सीखना आपके ऊपर से जोड़-तोड़ करने वाले का नियंत्रण कम कर देगा। यह जानना कि क्यों, हाँ और ना कहना सीखना मौलिक अधिकार हैं जिनकी हमने पहले चर्चा की थी, फिर भी कई लोग हर दिन उन्हें व्यक्त करने में विफल रहते हैं। यह जानने का मतलब है कि आपका समय कब है, इसमें शामिल सभी लोगों के लिए अधिक नियंत्रण है! यह जानने के लिए कि आपकी बारी कब है, कुछ सीखने की आवश्यकता है यदि आप उनकी हेरफेर योजना का हिस्सा बनने से बचना चाहते हैं। यह जानना कि हां का मतलब हां क्यों है, लेकिन यदि आवश्यक हो तो ना कहना सीखें। साझेदारी में हेरफेर करने वालों का लक्ष्य हमेशा उन सूचनाओं और रणनीतियों के बावजूद हाँ कहना होता है जिनका वे आप पर उपयोग करते हैं यदि इससे उन्हें हाँ कहने में आसानी होती है जब चीजों को व्यक्त करने की आवश्यकता नहीं होती है - इस मौलिक अधिकार को समझने का विस्तार किया जाना चाहिए क्योंकि बोलते समय यह मौलिक अधिकार कई मोर्चों पर उपेक्षित हो सकता है अप पर पर्याप्त ध्यान नहीं दिया जाता है या हर दिन हेरफेर तकनीकों के माध्यम से अभ्यास नहीं किया जाता है या अन्यथा जरूरत पड़ने पर इसे दैनिक आधार पर पूरी तरह से संप्रेषित करने में विफल रहता है।

यदि हम किसी की भावनाओं को ठेस पहुँचाने से डरते हैं और चिंता करते हैं कि यदि हम उनकी सहायता करने से इनकार करते हैं तो उनका रवैया बदल सकता है, तो हाँ कहना अक्सर हमें रोने पर मजबूर कर सकता है - किसी और को हाँ कहने के लिए बहुत साहस की आवश्यकता होती है! दुर्भाग्य से, ऐसा लगभग नियमित आधार पर होता है। एक जोड़-तोड़ करने वाले से निपटने की कल्पना करें। यह जानना कि उनके खिलाफ खुद को कैसे मुखर किया जाए, शुरुआत में चुनौतीपूर्ण हो सकता है, लेकिन यह जानना कि उनके हेरफेर के खिलाफ प्रभावी ढंग से कैसे बोलना है, इससे आपको अपनी स्थिति पर काबू पाने की शक्ति मिलेगी। हर किसी को वह निर्णय पसंद नहीं आएगा और आपको अपनी स्वतंत्रता बनाए रखने के लिए संघर्ष करना होगा। बिना कोई पछतावा महसूस किए 'नहीं' कहने से कुल मिलाकर एक स्वतंत्र और स्वस्थ जीवनशैली संभव हो सकेगी; विषैले रिश्तों में होने को कभी भी किसी सकारात्मक चीज़ के रूप में नहीं देखा जाना चाहिए। जोड़-तोड़ करने वालों के साथ साझेदारी में उनकी जरूरतों को पूरा करने पर निर्भर रिश्ते में प्रवेश करना शामिल है, जिसमें समय पर दोनों पक्षों के लिए संभावित नुकसान होता है। दुर्भाग्य से, इस तरह से सोचने का प्रशिक्षण उन्हें इस बात से अनजान बना देता है कि वे ऐसे रिश्तों में शामिल हो रहे हैं, जब तक कि बहुत देर नहीं हो जाती। किसी भी वैवाहिक संकट को सुलझाने में पहला कदम यह सीखना चाहिए कि धोखे, जबरदस्ती या अन्य कठिनाइयों के संकेतों को कैसे पहचानें जो आपके रिश्ते को नुकसान पहुंचा सकती हैं। विवाह के लिए समय और साहस की आवश्यकता होती है, खासकर इसलिए क्योंकि इसका प्राथमिक लक्ष्य लंबे समय से कठिन समय के दौरान आत्मविश्वास और आत्म-सम्मान का निर्माण करना रहा है। लेकिन जब सब कुछ सफलतापूर्वक एक साथ आता है और लक्ष्य अंततः अपने सपने को साकार करता है, तो पुरस्कार पर्याप्त हो सकते हैं।

जानें कि आप कहां खड़े हैं और इसे मजबूत करें; तब आप देख सकते हैं कि उनके लिए किसी बाहरी स्रोत का उपयोग किए बिना ही जीवन बदल जाता है।

अनुनय जब लोग यह समझने का प्रयास करते हैं कि "अनुनय" का क्या अर्थ है, तो उनके उत्तर अक्सर बहुत भिन्न होते हैं। जबकि कुछ लोग अपने विचारों को विज्ञापनों या विज्ञापनों की और मोड़ सकते हैं जो उपभोक्ताओं को दूसरों के मुकाबले कुछ उत्पादों या सेवाओं को संरक्षण देने के लिए प्रोत्साहित करते हैं, वहीं अन्य लोग राजनेताओं की ओर रुख कर सकते हैं जो चुनाव में अतिरिक्त वोट जीतने के लिए मतदाताओं के दिमाग को बदलने की कोशिश कर रहे हैं - दोनों उदाहरण उद्देश्य की पूर्ति करते हैं अनुनय का. दोनों रूप वैध उदाहरण हैं क्योंकि ये संदेश चर्चा के तहत विषयों के बारे में लोगों की धारणा को बदलने का प्रयास करते हैं।

डार्क अनुनय सामान्य अनुनय से इस मायने में भिन्न होता है कि इसकी प्रेरणाएँ हमेशा उन लोगों को लाभ नहीं पहंचाती हैं जिन्हें राजी किया जा रहा है; सामान्य प्रेरक, आश्वस्त होने वालों की भलाई के लिए राजी करने का प्रयास करते हैं, जबकि अंधेरे प्रेरक अक्सर लाभकारी प्रेरणा की तलाश करते हैं जो हमेशा राजी किए जाने वाले लोगों के लिए फायदेमंद नहीं होती हैं। यदि उपयुक्त हो तो रणनीति या अनुनय रणनीति के साथ आगे बढ़ने से पहले एक अंधेरे प्रेरक को उस व्यक्ति के किसी भी अनुनय या अनुनय व्यवहार में संलग्न होने से पहले यह पहचानने के लिए कि वे किसको प्रभावित करना चाहते हैं, पूरी जानकारी और समझ प्राप्त करनी चाहिए।

हालाँकि अनुनय के हमेशा नैतिक प्रभाव होते हैं, लेकिन अंध विश्वास करने वाले लोग इनके बारे में बहुत अधिक चिंता नहीं करते हैं। उनके बारे में जागरूक होते हुए भी, उनका ध्यान पूरी तरह से अपने उद्देश्य तक पहुँचने पर रहता है।

अनुनय एक रोजमर्रा की मनोवैज्ञानिक घटना है। आप या तो किसी और को मनाने वाले या मनाए जाने वाले व्यक्ति हो सकते हैं, जिसमें प्रेरणा प्रमुख है। अनुनय मास मीडिया, राजनीति, विज्ञापन और कानूनी निर्णयों में समान रूप से एक बड़ी भूमिका निभाता है - इसकी प्रभावशीलता अनुनय के लिए उपयोग की जाने वाली विभिन्न विधियों द्वारा निर्धारित की जाती है जो इसके विषय को प्रभावित करती हैं।
अनुनय ब्रेनवॉशिंग और सम्मोहन से मन पर नियंत्रण का एक अलग और आवश्यक रूप है, दोनों को अपने दिमाग और पहचान को बदलने के लिए विषय अलगाव की आवश्यकता होती है; अनुनय को इसकी कार्यप्रणाली के हिस्से के रूप में अलगाव की आवश्यकता नहीं है।

अपने वांछित लक्ष्यों को प्राप्त करने के लिए, व्यक्तिगत विषयों के विरुद्ध हेरफेर का उपयोग किया जाता है; अनुनय का प्रयोग एक व्यक्ति पर भी किया जा सकता है; हालाँकि, बड़े पैमाने पर हेरफेर संभावित रूप से पूरे समाज या यहां तक कि समुदायों की मान्यताओं और निर्णयों को बदल सकता है।

प्रत्यक्ष हेरफेर की तुलना में अनुनय मन बदलने में अधिक प्रभावी हो सकता है क्योंकि इसमें एक साथ कई व्यक्तियों को प्रभावित करने की क्षमता होती है।

बहुत से व्यक्ति यह विश्वास करने की गलती करते हैं कि उनके पास अनुनय के प्रति प्रतिरोधक क्षमता है क्योंकि उनका मानना है कि वे हमेशा अपने रास्ते में आने वाली हर बिक्री पिच को देखने में सक्षम होंगे और उचित निष्कर्ष पर पहुंचने के लिए तर्क का उपयोग करेंगे।

लोग हमेशा प्रस्तुत किए गए हर तर्क के आगे नहीं झुकेंगे, खासकर यदि तर्क का उपयोग किया जाता है। इसके अतिरिक्त, यदि कोई तर्क किसी के विश्वासों के साथ अच्छी तरह से मेल नहीं खाता है, तो उसका समर्थक कितना भी मजबूत क्यों न हो, अनुनय प्रभावी नहीं हो सकता है।

लेकिन ऐसे लोग भी हैं जो समझते हैं कि बाज़ार में नए गैजेट या उत्पाद खरीदने के लिए दूसरों को प्रेरित करने के लिए प्रेरक संदेशों का उपयोग कैसे किया जाए। उनका सूक्ष्म अनुनय अक्सर अपने लक्ष्य से अनभिज्ञ हो जाता है, जिससे उन्हें प्रदान की गई जानकारी के बारे में राय बनाना कठिन हो जाता है।

जब भी अनुनय का उल्लेख किया जाता है, तो व्यक्ति इसे नकारात्मक संगति से जोड़ देता है जैसे कि ठग या विक्रेता आपको यह समझाने की कोशिश करते हैं कि अपना दृष्टिकोण बदलने से उन्हें लाभ होगा और जब तक यह परिवर्तन नहीं हो जाता तब तक दबाव डालते हैं।

अनुनय का उपयोग अच्छे और बुरे दोनों के लिए किया जा सकता है; बिक्री और धोखाधड़ी प्रथाओं में अनुनय दो उदाहरण हैं, अनुनय का उपयोग दोनों तरीकों से किया जाता है; उदाहरण के लिए अंतरराष्ट्रीय निकायों के बीच या सार्वजनिक सेवा अभियानों में कूटनीति समझौतों के हिस्से के रूप में अनुनय का उपयोग करना और अच्छे कारणों के लिए अभियान, क्रमशः प्रभावी ढंग से और सकारात्मक प्रभाव के लिए उपयोग किए जाने वाले अंधेरे अनुनय के उदाहरण हैं। यह सब इस बात पर निर्भर करता है कि इस अनुनय प्रक्रिया को कैसे क्रियान्वित किया जाता है।

अध्याय 8: उन्नत डार्क अनुनय तकनीक

जब अनुनय द्वारा किसी के मन को बदलने की कोशिश की जाती है, तो उन्हें सफल होने के लिए अनुनय तकनीकों के सफल कार्यान्वयन के लिए उपकरणों और रणनीतियों की आवश्यकता होगी।

प्रत्येक बीतता हुआ दिन अपने लक्ष्य को विभिन्न प्रकार के अनुनय के साथ प्रस्तुत करेगा। खाद्य निर्माताओं का लक्ष्य अपने लक्ष्य को अपने नए व्यंजनों को आजमाने या पुराने व्यंजनों को जारी रखने के लिए राजी करना होगा; स्टूडियो अपनी नवीनतम ब्लॉकबस्टर फिल्मों का विज्ञापन सीधे उन पर कर सकते हैं।

इससे कोई फर्क नहीं पड़ता कि वे कौन सा उत्पाद बेचते हैं, उनका मुख्य उद्देश्य बिक्री बढ़ाना है; इसलिए अनुनय-विनय के उनके प्रयास। हालाँकि वे इस बात पर विचार नहीं करते हैं कि इसका आप पर सीधा प्रभाव कैसे पड़ेगा, इसलिए उन्हें सूक्ष्म अनुनय तकनीकों का उपयोग करना चाहिए ताकि संभावित ग्राहकों को सचेत या परेशान न किया जाए। चूँकि ऐसे कई ब्रांड भी हो सकते हैं जो आपको मनाने की कोशिश कर रहे हों, प्रत्येक को अपने दर्शकों को अपने दृष्टिकोण से समझाने का अपना तरीका खोजना होगा।

अनुनय के दूरगामी प्रभाव के कारण इसकी तकनीकों का प्राचीन काल से ही अध्ययन किया जाता रहा है। प्रभाव एक अमूल्य संपत्ति है जिसका लाभ कई अलग-अलग परिस्थितियों और संस्कृतियों में कोई भी उठा सकता है।

20वीं सदी की शुरुआत में, अनुनय तकनीकों के औपचारिक अध्ययन ने जोर पकड़ना शुरू कर दिया। याद रखें कि अनुनय में एक तर्क को आगे बढ़ाना शामिल है जो दर्शकों को आश्वस्त करता है और उन्हें इस संदेश को अपने जीवन जीने के नए तरीके के रूप में स्वीकार करने के लिए प्रेरित करता है।
इसलिए, प्रभावी अनुनय तकनीकों की खोज की अत्यधिक आवश्यकता है।

तीन गुप्त अनुनय तकनीकें हैं जिन्होंने समय के साथ अपना महत्व साबित किया है और हम इस अनुभाग में इन पर चर्चा करेंगे।
एक आवश्यकता बनाएँ
किसी को अपना दृष्टिकोण या जीवन जीने का तरीका बदलने के लिए प्रेरित करने की एक प्रभावी रणनीति उस व्यक्ति के लिए पहले से मौजूद किसी आवश्यकता को पैदा करना या उसका लाभ उठाना है, अधिमानतः ऐसा इस तरह से किया जाना चाहिए कि वह उनके लिए आकर्षक और वांछनीय हो। यदि प्रभावी ढंग से और उचित तरीके से किया जाए तो यह रणनीति उनके इच्छित लक्ष्य में बड़ी सफलता दिला सकती है।

अनुनय में सफल होने के लिए प्रेरकों को अपने लक्षित दर्शकों के लिए सबसे महत्वपूर्ण बातों को संबोधित करना चाहिए - जैसे कि सपने पूरा करना या आत्म-सम्मान बढ़ाना - या आश्रय, प्यार या भोजन प्रदान करना।

यह दृष्टिकोण हमेशा अच्छा काम करता है क्योंकि यह मानता है कि किसी भी विषय को किसी न किसी रूप में मदद की आवश्यकता होती है - दूसरे शब्दों में, ऐसा कोई भी जरूरतमंद नहीं है जो सपने नहीं देखता है और जीवन में कुछ पाने की आकांक्षा नहीं करता है - प्रेरक को बस खोजने की जरूरत है ऐसे तरीके जिनसे वे पीड़ित को इन सपनों को अधिक तेज़ी से और कुशलता से हासिल करने में सहायता कर सकें।

प्रेरक अक्सर अपने लक्ष्य को समझाते हैं कि उनकी मान्यताओं या परिप्रेक्ष्य में कुछ समायोजन करने से उन्हें अपने सपनों को तेजी से साकार करने में मदद मिलेगी, जिससे सफलता की संभावना बढ़ जाएगी।

उदाहरण: अंतरंग संबंधों की तलाश में एक युवक किसी महिला से वादा कर सकता है कि वह उसके ग्रेड में सुधार करने में उसकी मदद करेगा और अंत में ए प्राप्त करके अपने माता-पिता को गौरवान्वित करेगा, लेकिन केवल तभी जब वह उसकी दोस्त बन जाए। हालाँकि यह महिला यह मान सकती है कि यह युवक वास्तव में इस बात की परवाह करता है कि वह शैक्षणिक रूप से कितना अच्छा प्रदर्शन करती है, वास्तव में वह केवल उसके करीब आने और यौन संबंध बनाने की परवाह कर सकता है - शैक्षणिक अधिक यौन मुठभेड़ों के लिए सिर्फ एक बहाना है!
सामाजिक आवश्यकताओं के लिए अपील
प्रेरक अनुनय के लिए एक और युक्ति का उपयोग कर सकते हैं: अपने लक्ष्य की सामाजिक आवश्यकताओं की पहचान करना। हालाँकि यह तकनीक तत्काल परिणाम नहीं ला सकती है, फिर भी यह उनके टूलबॉक्स में एक अमूल्य संपत्ति बनी हुई है।

भीड़ के प्रति आकर्षण रखने वाले और ध्यान आकर्षित करने वाले लोग स्वाभाविक रूप से उनकी ओर आकर्षित होते हैं, समूहों में शामिल होकर स्वीकृति चाहते हैं या स्थिति प्रतीक के रूप में विशिष्ट वस्तुओं को रखते हैं जो उन्हें यह एहसास दिलाते हैं कि वे उच्च वर्ग में हैं।

उनकी सामाजिक आवश्यकताओं को ध्यान में रखते हुए, कई टीवी विज्ञापन दर्शकों के क्रय निर्णयों को आकर्षक बनाने में सफल होते हैं ताकि वे "चूक" न जाएँ। जब विज्ञापनदाता किसी लक्ष्य की विशिष्ट सामाजिक आवश्यकताओं की पहचान कर सकते हैं और उनसे अपील कर सकते हैं, तो यह उस विशेष व्यक्तित्व के लिए रुचि के नए क्षेत्र खोल सकता है।
लोडेड सिग्नल के रूप में प्रयुक्त शब्द और छवियाँ

किसी को मनाते समय, शब्द बहुत मायने रखते हैं और उनका चयन सावधानी से करना चाहिए क्योंकि प्रत्येक का अलग-अलग प्रभाव हो सकता है। एक ही बात को कहने के कई तरीके हो सकते हैं लेकिन एक दृष्टिकोण दूसरे की तुलना में अधिक शक्तिशाली साबित हो सकता है।

अनुनय के लिए यह जानना आवश्यक है कि सही समय पर सही शब्द कब और कैसे कहने हैं; शब्द हमेशा संचार के प्रमुख उपकरण होते हैं और सफल अनुनय के लिए उपयुक्त कॉल-टू-एक्शन शब्दों को जानना सर्वोपरि है।

डार्क अनुनय डार्क मनोविज्ञान के सबसे शक्तिशाली उपकरणों में से एक है, फिर भी इसे अक्सर कम करके आंका जाता है और उपेक्षित किया जाता है। शायद यह मन पर नियंत्रण के प्रयास के रूप में अनुनय के अद्वितीय होने के कारण है; इसके विकल्पों के विपरीत जो किसी अनिच्छुक लक्ष्य पर उनकी भागीदारी के बिना समर्पण करने के लिए बाध्य करता है; हालाँकि, अनुनय के विपरीत, लक्ष्य संबंधी निर्णय केवल सीमित हस्तक्षेप के साथ खुले रहते हैं और कभी-कभी प्रक्रिया के परिणामों को प्रभावित करने के लिए अलग-थलग कर दिए जाते हैं।

अनुनय तब सबसे अच्छा काम करता है जब सभी पत्ते खुले रख दिए जाते हैं (हालाँकि गहरे अनुनय में छिपे इरादों के साथ) ताकि इसका लक्ष्य वह निर्णय ले सके जो उनके हितों के लिए सर्वोत्तम हो।

अध्याय 9: ब्रेनवॉशिंग

जबकि ब्रेनवॉशिंग का तात्पर्य दूसरों के विचारों और विश्वासों को उनकी इच्छा के विरुद्ध या उनकी सहमति के बिना बदलना हो सकता है, इसकी वास्तविक परिभाषा अधिक विस्तृत है; इसमें व्यवहार के पैटर्न को बदलने और व्यवहार के परिणामों को बदलने के लिए किसी व्यक्ति के दृष्टिकोण को बदलने या उनके व्यवहार को बदलने के लिए उपयोग किए जाने वाले दबाव और अनुनय का कोई भी व्यवस्थित प्रयास शामिल है।

लोगों को राजनीति या धार्मिक सिद्धांतों के बारे में, विशेष रूप से सांस्कृतिक समूहों के बारे में अपनी धारणाओं को बदलने के लिए प्रेरित करने के लिए लंबे समय से राजनीतिक विचारधारा कार्यक्रमों के हिस्से के रूप में ब्रेनवॉशिंग रणनीति का उपयोग किया जाता रहा है। मुख्य रूप से, ब्रेनवॉशिंग पीड़ित के विश्वासों को उनके बंदी द्वारा पसंद किए गए और उस वातावरण के लिए उपयुक्त विश्वासों के साथ प्रतिस्थापित करके काम करता है जिसमें वे मौजूद हैं।

ब्रेनवॉशिंग में एक व्यक्ति की सारी स्वतंत्रता, स्वतंत्रता और निर्णय लेने की शक्ति को छीन लेना शामिल है; किसी की दैनिक आदतों और व्यवहार को इस तरह से बाधित करना कि हर पहलू में उसे बंदी बनाने वाले के अधिकार का पूर्ण पालन करना आवश्यक हो। ब्रेनवॉशिंग में अक्सर शारीरिक शोषण के साथ-साथ यदि आवश्यक हो तो चोट लगने या मौत की धमकी दी जाती है या प्रबुद्ध जीवन के लिए स्वीकार्य साधन के रूप में नई मान्यताओं को स्थापित करने से पहले आजीवन कारावास की धमकी दी जाती है।

ब्रेनवॉशिंग तकनीकों का उद्देश्य पीड़ित और बंधक बनाने वाले के बीच बच्चों जैसा विश्वास पैदा करना है, पीड़ितों को पिछले अपराधों को कबूल करने या दूसरों को खुद का ब्रेनवॉश करने का समय मिलने से पहले दोषी दिखने के डर से बेतुकी या तुच्छ गलतियाँ करने के लिए प्रोत्साहित किया जाता है। यदि उनसे पहले अन्य बंधकों को भी ब्रेनवॉश किया गया है, तो ये व्यक्ति समाज के अन्य सदस्यों के सामने पीड़ित ने जो किया है या करने में विफल रहा है, उसकी आलोचना और नाराजगी दिखाकर इस प्रक्रिया को सुदृढ़ करने में मदद कर सकते हैं।
एक बार जब ब्रेनवॉशिंग जोर पकड़ लेती है, तो बंदी बनाने वालों को उनके कृत्यों के लिए अनुमोदन और पुरस्कार मिलना शुरू हो जाता है। ब्रेनवॉशिंग डार्क साइकोलॉजी का हिस्सा कैसे बन सकता है, यह जानने के लिए यह वीडियो देखें

डार्क साइकोलॉजी तब होती है जब कोई व्यक्ति दूसरे को उसकी इच्छा के विरुद्ध प्रभावित करने के लिए ब्रेनवॉश करने की रणनीति अपनाता है और उसकी इच्छा के विरुद्ध उसे हेरफेर या प्रभावित करता है। हममें से प्रत्येक के पास स्वतंत्र इच्छा है, जिसका अर्थ है कि हमें अपने निर्णय स्वयं लेने चाहिए, स्वतंत्र रूप से जुड़ना चाहिए और यह चुनना चाहिए कि हम किसके साथ स्वतंत्र रूप से जुड़ते हैं; जब यह स्वतंत्रता बलपूर्वक या जबरदस्ती छीन ली जाती है तो यह अंधकारपूर्ण मनोविज्ञान है।

अपमानजनक रिश्तों में रहने वाले लोगों का ब्रेनवॉश करने का खतरा होता है। एक पति अपनी पत्नी को इस बहाने से कुछ दोस्तों के साथ मिलने-जुलने से मना कर सकता है कि वे हानिकारक प्रभाव डालेंगे - जबकि उसे परिपक्व होने पर इस मामले के बारे में अपना निर्णय स्वयं लेना चाहिए। या इससे भी बदतर, अपने साथी को कुछ प्रकार के कपड़े न पहनने के लिए मजबूर करें, यह दावा करते हुए कि यह अप्रिय है ताकि वे उन्हें बेहतर तरीके से नियंत्रित कर सकें।

दुर्व्यवहार करने वाले साथी के साथ रहना भ्रमित करने वाला और थका देने वाला दोनों होता है, जो अक्सर इसमें शामिल सभी लोगों के लिए जीवन को और अधिक जटिल बना देता है। वे उन चीजों के लिए आपको दोषी ठहराएंगे और हेरफेर करेंगे जो कभी आपकी जिम्मेदारी नहीं थीं; उनकी संतुष्टि बनाए रखने के लिए आप परिवार और दोस्तों से अलग हो सकते हैं, अपना पहनावा या अपने राजनीतिक विचार बदल सकते हैं; यह सब उनके बनाम आपके बारे में हो जाता है।

एक अपमानजनक रिश्ता तब होता है जब एक साथी अपने साथी को हेरफेर करने और नियंत्रित करने के लिए ब्रेनवॉशिंग रणनीति का उपयोग करता है। परिणामस्वरूप, वे रात्रिभोज के चयन जैसे सरल निर्णयों के लिए उन पर निर्भर हो जाते हैं। उनका जीवन पूरी तरह से अपने साथी को किसी भी कीमत पर खुश करने के इर्द-गिर्द घूमता है; और प्यार क्या है या इसे कैसे व्यक्त किया जाना चाहिए यह पूरी तरह से उनके द्वारा निर्धारित किया जाता है - फिर कौन तय करता है कि वास्तव में उनके खर्च पर खुशी क्या होनी चाहिए और इसके विपरीत। उनका दुर्व्यवहार करने वाला उनके द्वारा व्यक्त किए गए प्रेम को परिभाषित करने के साथ-साथ पीड़ित के जीवन में किसी भी गलत चीज़ को परिभाषित करने के लिए ज़िम्मेदार है - उन्हें किस सुधार की आवश्यकता है या यहां तक कि उन्हें तदनुसार कैसे कार्य करना चाहिए और उनके दुर्व्यवहार करने वाले साथी ने जो परिभाषित किया है उसके अनुसार उचित व्यवहार क्या है। प्यार को अभिव्यक्त किया जाना चाहिए और उस पीड़ित के जीवन के बारे में सब कुछ एक जैसा परिभाषित किया जाना चाहिए - और वास्तव में वह दुर्व्यवहार करने वाला उनसे क्या चाहता है, व्यवहार के संबंध में किसी को कैसे आचरण करना चाहिए और कौन सा व्यवहार इस रिश्ते की उपयुक्तता का गठन करेगा।

दुर्व्यवहार कई रूपों में आता है; अधिकतर भावनात्मक, मनोवैज्ञानिक और शारीरिक शोषण के माध्यम से। एक बार उनकी पकड़ में आने के बाद, पीड़ित अक्सर इससे बच नहीं पाते हैं। दुर्व्यवहार करने वाला साथी जल्द ही अपमानजनक टिप्पणियों और अपमान के साथ अपने साथी को नीचा दिखाने के तरीके ढूंढ लेता है, ताकि ब्रेनवॉशिंग और दुर्व्यवहार को बरकरार रखा जा सके। उनके स्वयं के मनोवैज्ञानिक अस्तित्व के लिए, कभी-कभी ऐसे समय आते हैं जब उनका दुर्व्यवहार करने वाला रुक जाता है और अपने पीड़ित के प्रति दया दिखाता है - आघात बंधन पैदा करता है जिससे पीड़ित अपने दुर्व्यवहार करने वाले को खुश करना चाहता है ताकि बदले में उसके साथ गर्मजोशी और दयालुता से व्यवहार किया जा सके।

ब्रेनवॉशिंग अंधेरे मनोविज्ञान के अंतर्गत आता है क्योंकि इसका शिकार अपने ही जीवन में फंस जाता है। किसी रिश्ते में नियंत्रण करने वाला साथी अपने साथी से कार, पैसा या भोजन

जैसे संसाधनों को रोक सकता है - उसे अपने घर के भीतर एक कैदी में बदल देता है, उनमें डर पैदा करता है और उनके आसपास की दुनिया को देखने के तरीके को बदल देता है।

ब्रेनवॉश पीड़ितों का जीवन अपने साथ दुर्व्यवहार करने वाले को खुश करने के विचारों में डूब जाता है, यहां तक कि उनके खिलाफ शारीरिक हिंसा किए बिना भी। शारीरिक शोषण हुए बिना भी, उनका जीवन दुर्व्यवहार करने वाले की उपस्थिति की छाया में चलता रहता है; परिणामस्वरूप, चिंता विकार और अवसाद जैसे मनोवैज्ञानिक प्रभाव अक्सर लक्षणों के रूप में उभरते हैं।

ब्रेनवॉशिंग प्रक्रिया संक्षेप में

ब्रेनवॉशिंग एक व्यवस्थित दृष्टिकोण है जिसका उद्देश्य उनकी पहचान को छीनना, विश्वासों, दृष्टिकोणों और मूल्यों को बदलना और साथ ही विचार प्रक्रियाओं को बदलना है। जोड़-तोड़ करने वाले विभिन्न चरणों या चरणों का उपयोग अपने पीड़ितों का ब्रेनवॉश करने के उपकरण के रूप में करते हैं।

अपराध

एक रिश्ते में, जोड़-तोड़ करने वाले लगातार ऐसे तर्क चुनते हैं जिसमें उनके पीड़ित गलत काम करने वाले के रूप में दिखाई देते हैं, जिससे उन्हें हर असहमति के लिए दोषी महसूस होता है और उन्हें हर चीज के लिए शर्म महसूस होती है - यह किसी व्यक्ति का ब्रेनवॉश करने का पहला चरण है।

आत्म-विश्वासघात

परिवार और दोस्तों की निंदा करने के लिए मजबूर होने से व्यक्ति की स्वयं की भावना नष्ट हो जाती है जबकि अपराध बोध बढ़ जाता है; ये संवेदनाएँ एक नई पहचान बनाने के लिए जगह बनाते हुए अपने अतीत से मुक्त होने का काम करती हैं।

अत्यंत तनावग्रस्त स्थिति

जब शारीरिक, मौखिक और मनोवैज्ञानिक हमलों के शिकार लोगों को लगता है कि उन्होंने खुद को धोखा दिया है और उन्हें दोषी महसूस कराया जाता है, तो वे टूटने की स्थिति तक पहुंच सकते हैं और भावनात्मक और मनोवैज्ञानिक रूप से ढह सकते हैं। अनियंत्रित रूप से रोना और चिंता के दौरों से पीड़ित होना इस बात का संकेत हो सकता है कि उनके भीतर कुछ टूट गया है; मनोवैज्ञानिक रूप से उन्हें डर है कि वे खुद को पूरी तरह से खो रहे हैं और खुद को पूरी तरह से खोने के लगातार डर में जी रहे हैं।

जब एक पीड़ित खुद को शक्तिहीन महसूस करता है, तो एक उत्पीड़क उन पर हमले से राहत के रूप में दया की पेशकश करता है। प्रकाश के ऐसे क्षणों में जहां अंधेरा था, पीड़ितों को अपने हमलावरों के प्रति गहरी कृतज्ञता महसूस होती है - उनके साथ दुर्व्यवहार करने वालों द्वारा फिर से शुरू करने से पहले एक जानबूझकर कदम।

ऐसे समय में जब पीड़ित अपने साथ दुर्व्यवहार करने वाले को सुरक्षा पाने में मदद करने के लिए आभारी होते हैं, तो उसके उपचार का कठोर पक्ष अक्सर अधिक बड़ा लगता है। वे महसूस कर सकते हैं कि उन पर कुछ बकाया है और वे उसकी दयालुता का बदला चुकाने के

लिए बाध्य हैं - अक्सर किसी भी अपराधबोध को कम करने के लिए अपनी कथित गलतियों को स्वीकार करके।

अपराध बोध को प्रसारित करना

पीड़ित द्वारा अनुभव की जाने वाली अपराध और शर्म की कोई भी भावना संभवतः उनकी पहचान पर बढ़ते हमले से जटिल हो जाएगी, जिससे वे अनिश्चित हो जाएंगे कि किन कार्यों या निर्णयों ने उन्हें विश्वास दिलाया कि उन्होंने अपराध किया है और इसके बजाय उन्हें विश्वास करना चाहिए कि उन्हें जिम्मेदारी उठानी होगी। जैसे ही दुर्व्यवहार करने वाले को पता चलता है कि उनमें अपराधबोध मौजूद है, वे इसका इस्तेमाल अपने लिए करते हैं, आमतौर पर पीड़ित को यह समझाकर कि उन्होंने बुरे निर्णयों और विचारधाराओं से भरा जीवन जीया है; इसके बजाय सुझाव देते हुए कि वे बदलाव के लिए खुद को नए दृष्टिकोणों के लिए खोलें।

तार्किक अनादर एक पीड़ित अक्सर मानता है कि उनका अपराध बाहरी रूप से थोपी गई विचारधाराओं के कारण है; खेल में किसी भी हेरफेर को देखने के बजाय शिक्षक और विचारधाराएँ दोष का निशाना बन जाती हैं। स्वीकारोक्ति अपराध बोध से राहत पाने का एक तरीका बन जाती है क्योंकि व्यक्ति मानसिक रूप से इन "गलत" विचारधाराओं के तहत किए गए किसी भी कार्य को त्याग देता है - इस प्रकार प्रतीकात्मक रूप से खुद को उनसे दूर कर लेता है और ऐसा करने से वह गलत विचारधारा की इन धारणाओं को पूरी तरह से बदनाम कर देता है।

प्रगति और सद्भाव

पुरानी विचारधाराओं को अस्वीकार करने से प्रगति और सद्भाव के उभरने का अवसर मिलता है, क्योंकि इसका विरोध करने वालों को अब इसे बदलने के लिए वैकल्पिक विचारों की तलाश करनी होगी। यदि ये उनकी आवश्यकताओं के अनुरूप और उपयुक्त प्रतीत होते हैं, तो प्रक्रिया काफी तेज हो जाती है - इसके स्थान पर शांति प्रदान होती है। इस बिंदु पर, किसी भी परेशानी की जगह शांति कायम हो जाती है।

सज़ा के रूप में, पकड़े गए लोगों के साथ अचानक नायकों जैसा व्यवहार किया जाने लगा और दयालु व्यक्तियों को उनकी पुरानी विचारधारा में पापपूर्ण विचारों को बदलने के विकल्प के रूप में स्वीकार कर लिया गया।

अंतिम प्रवेश और पुनर्जन्म

जैसे ही उन्हें अतीत के दर्द और उनकी नई विचारधारा द्वारा प्रस्तुत भविष्य के वादे के बीच स्पष्ट अंतर का सामना करना पड़ा, पीड़ित ने किसी भी शेष रहस्य का खुलासा करके पुरानी विचारधारा के प्रति किसी भी निष्ठा को पूरी तरह से त्याग दिया; उसी क्षण उन्होंने अपनी नई विचारधारा पर पूर्ण स्वामित्व ले लिया।

पुनर्जन्म इस प्रक्रिया को संदर्भित करता है और, किसी की विचारधारा के आधार पर, इसमें पारित होने के संस्कार शामिल हो सकते हैं जो किसी को अपने नए आदेश में पूरी तरह से

सील कर देते हैं। इनमें नई विचारधाराओं को स्वीकार करने और नए नेताओं के प्रति निष्ठा की शपथ लेने के लिए ज़ोर से बोले जाने वाले कड़े बयान शामिल हो सकते हैं।
ब्रेनवॉशिंग: इसके प्रभाव की खोज

जैसा कि पहले बताया गया है, ब्रेनवॉशिंग में किसी व्यक्ति के व्यवहार को नियंत्रित करने और उस पर नियंत्रण पाने के लिए उसके विचार पैटर्न, विश्वास और दृष्टिकोण को बदलना शामिल है। यह प्रथा अक्सर जोड़-तोड़ करने वालों के लाभ के लिए होती है लेकिन इसके विनाशकारी परिणाम हो सकते हैं; ब्रेनवॉशिंग के विभिन्न प्रकार के प्रभाव हो सकते हैं जैसे:

ब्रेनवॉशिंग का पीड़ित के आत्मसम्मान पर विनाशकारी प्रभाव पड़ता है। उन्हें लगता है कि वे काम नहीं कर रहे हैं और वे जो कुछ भी करते हैं वह पर्याप्त अच्छा नहीं होता है, जो उन्हें आत्महत्या या अवसाद के रास्ते पर ले जाता है।

चिंता विकार - ब्रेनवॉश किए जाने पर कोई व्यक्ति अक्सर अपनी पहचान की भावना खो देता है और अपने निकटतम लोगों से अलग हो जाता है। वे जो पहले थे उसे बदलने के लिए मजबूर होने पर, पीड़ित लगातार गलत काम न करने के लिए चिंतित हो जाते हैं और चिंता विकार विकसित हो सकते हैं जो बाहरी व्यवहार को प्रभावित करते हैं।

अवसाद - ब्रेनवॉश पीड़ित अपने प्रियजनों और व्यापक दुनिया से अलग-थलग हो जाते हैं, उनका ध्यान केवल अपने बंदी को खुश करने और बदले में उनके द्वारा दी जाने वाली किसी भी दयालुता को प्राप्त करने पर होता है। किसी से बात करने के लिए नहीं होने और आस-पास के सभी लोगों द्वारा उनकी भावनाओं को नजरअंदाज किए जाने से अवसाद उत्पन्न हो सकता है, जिससे दूसरों के साथ संबंधों में बाधा आ सकती है।

आत्म-सम्मान की कमी - उन्हें पकड़ने वाले द्वारा लगातार दुर्व्यवहार और आलोचना उनके पीड़ित को यह विश्वास दिलाने के लिए पर्याप्त है कि उनका कोई मूल्य नहीं है और वे कोई भी निर्णय लेने से डरते हैं क्योंकि उन्हें सिखाया गया है कि वे अयोग्य हैं।

डर में जीना - ब्रेनवॉशर्स अपने पीड़ितों को प्रभावित करने के लिए डर की रणनीति का उपयोग करते हैं, जिससे उन्हें डर लगता है कि कुछ बुरा होने वाला है और सामान्य तौर पर जीवन असुरक्षित और अमित्र है। उनका पीड़ित इस निरंतर चिंता के साथ रहता है कि यदि प्रत्येक व्यक्ति बाहर निकलता है तो खतरा पैदा हो सकता है, जबकि बंधक बनाने वाले अपने पीड़ित के खिलाफ परिणाम की धमकियों का उपयोग करते हैं यदि वह ऐसा नहीं करता है जो उनके बंधक द्वारा अपेक्षित है।
विश्वासों में परिवर्तन - बंधक बनाने वाले का प्राथमिक लक्ष्य अपने पीड़ितों के विश्वासों को आकार देना है ताकि उनके व्यवहार को नियंत्रित किया जा सके और उन्हें अपने अधीन रखा जा सके। इससे कोई फर्क नहीं पड़ता कि उनका विश्वास नैतिक था या नहीं; जब तक यह उसकी विचारधाराओं या विश्वासों से टकराता था, तब तक यह पर्याप्त अच्छा नहीं था।

उनके बंधक या आक्रमणकारी के इरादे पर निर्भर करते हुए, ब्रेनवॉशिंग का पीड़ितों पर इसके अनुप्रयोग के आधार पर अलग-अलग प्रभाव पड़ता है। इसलिए, डार्क साइकोलॉजी

चिकित्सकों द्वारा उपयोग की जाने वाली ब्रेनवॉशिंग तकनीकों का शिकार होने से बचने के लिए संभावित अपराधियों द्वारा अपनाई जा रही किसी भी तकनीक और चाल की पहचान करना महत्वपूर्ण है। नीचे कुछ ऐसी तकनीकें दी गई हैं जो आमतौर पर डार्क साइकोलॉजी सत्र में शामिल होने पर देखी जाती हैं।

ब्रेनवॉशिंग तब होती है जब व्यक्ति या समूह दूसरों को प्रभावित करने और उनकी सहमति के बिना अपनी मान्यताओं को बदलने के लिए प्रेरित करने के लिए गुप्त रणनीति का उपयोग करते हैं, अक्सर मनोवैज्ञानिक तकनीकों जैसे डार्क साइकोलॉजी का उपयोग करते हैं। उनकी इच्छा के विरुद्ध उपयोग की जाने वाली प्रभावित करने और अनुनय तकनीकों को ब्रेनवॉशिंग रणनीति के रूप में भी जाना जाता है, क्योंकि इसमें किसी व्यक्ति या समूह द्वारा दूसरे का ब्रेनवॉश करने के प्रयास में उपयोग की जाने वाली गुप्त रणनीति शामिल होती है। जबकि लोग हर दिन अनुनय का अनुभव करते हैं, जब यह सहमति के बिना जबरन बदलाव बन जाता है तो यह ब्रेनवॉशिंग बन जाता है और उनके खिलाफ अंधेरे मनोविज्ञान की रणनीति अपनाई जाने लगती है, इसमें विभिन्न पार्टियों द्वारा अपने पीड़ितों के खिलाफ इस्तेमाल की जाने वाली किसी भी रणनीति को शामिल किया जा सकता है:

अलगाव - ब्रेनवॉशिंग के शुरुआती चरण में आमतौर पर अपने शिकार को परिवार और दोस्तों से अलग करना शामिल होता है। उन्हें समाज से पूरी तरह से अलग करके, जोड़-तोड़ करने वाला चाहता है कि उनके शिकार के पास कोई न हो जिससे वे अपनी चालाकी की रणनीति के बारे में बात कर सकें; अन्यथा उनके अधिकार को तीसरे पक्षों द्वारा चुनौती दी जाएगी, जिससे उनके प्रतिद्वंद्वी को स्वयं की तुलना में विभिन्न स्रोतों से अधिक जानकारी मिलेगी।

आत्मसम्मान पर हमला - जब पीड़ित अलग-थलग पड़ जाते हैं, तो जोड़-तोड़ करने वालों के लिए उन्हें तोड़ना और अपनी इच्छाओं के अनुसार उन्हें फिर से खड़ा करना आसान हो जाता है। हालाँकि, सफल ब्रेनवॉशिंग के लिए, पीड़ितों को पहले जोड़-तोड़ करने वाले से हीन महसूस करना चाहिए और इसमें अक्सर बाद वाले द्वारा उपहास, धमकी या उपहास शामिल होता है जो पीड़ितों के आत्म-सम्मान को और कम कर देता है जो महसूस करते हैं कि वे स्वयं पीड़ित बनने से पहले पूरी तरह से असुरक्षित हैं।

मानसिक दुर्व्यवहार - जोड़-तोड़ करने वाले अक्सर अपने पीड़ितों का ब्रेनवॉश करने के लिए उन्हें मनोवैज्ञानिक यातना देते हैं, जैसे दूसरों के सामने उनके बारे में झूठ बोलना ताकि वे मूर्ख दिखें, साथ ही अपने पीड़ितों को बदनाम करना या किसी भी निजी स्थान से वंचित करना ताकि वे उनके द्वारा फसा हुआ महसूस करें। .

शारीरिक शोषण - छेड़छाड़ करने वाले अपने पीड़ितों को वश में करने और उन्हें प्रभावित करने के लिए विभिन्न भौतिक तरीकों का उपयोग करते हैं, जिसमें उन्हें भोजन या जल स्रोतों तक पहुंच से वंचित करना भी शामिल है।
छेड़छाड़ करने वाले अक्सर पीड़ितों के खिलाफ हिंसा करके, उन्हें भोजन से वंचित करके और कमरे को ठंडा रखकर उनकी नींद छीन लेते हैं। एक जोड़-तोड़कर्ता अपने पीड़ितों का

ब्रेनवॉश करने के सूक्ष्म तरीके भी अपना सकता है; जैसे कि शोर का स्तर ऊंचा रखना, लगातार टिमटिमाती रोशनी रखना या जानबूझकर कमरे के तापमान में बदलाव करना।

दोहराव वाला संगीत - अध्ययनों के अनुसार, दोहराव वाली धुनें बजाने से लोगों में सम्मोहन की स्थिति पैदा हो सकती है। एक जोड़-तोड़कर्ता जो इस तकनीक को समझता है वह अपने शिकार के खिलाफ इस रणनीति का उपयोग कर सकता है। संगीत की लय चेतना को तब तक बदल सकती है जब तक कि उनका जोड़-तोड़ करने वाला इस रणनीति का उपयोग नहीं कर सकता है और सीधे आपके अवचेतन में बात कर सकता है - इस प्रकार आपके मस्तिष्क को नए सुझावों के साथ तुरंत प्रतिक्रिया करने के लिए प्रेरित किया जाता है, इस प्रकार व्यवहार स्वचालित रूप से बदल जाता है।

संपर्क की अनुमति केवल अन्य दिमाग से धोए गए व्यक्तियों के साथ होती है - जोड़-तोड़ करने वाला केवल अपने शिकार को अपने जोड़-तोड़ अभियान के अन्य पीड़ितों के साथ संपर्क करने की अनुमति देता है, यह उम्मीद करते हुए कि अन्य पीड़ितों से सहकर्मी दबाव में अपने लक्ष्य को अपने नए तरीके से सोचने के लिए राजी कर लेंगे। अकेलापन और अलग-थलग महसूस करते हुए, पीड़ित दूसरों के सुझावों पर ध्यान देते हैं ताकि उन्हें स्वीकार्य महसूस हो और वे कम अकेले महसूस करें।

हम बनाम वे - जब जोड़-तोड़ करने वाले हम और वे की गतिशीलता का परिचय देते हैं, तो ऐसा लगता है जैसे वे अपने शिकार को अपने और कथित दुश्मनों के बीच एक विकल्प दे रहे हैं; सभी उनसे पूर्ण आज्ञाकारिता प्राप्त करने के प्रयास में हैं। दूसरों के नकारात्मक पहलुओं को दिखाने के बाद, जोड़-तोड़ करने वाले अपने शिकार से अपेक्षा करते हैं कि वह खुद के बजाय दूसरों को चुनने के बजाय खुद को उनके ऊपर चुने।

लव बॉम्बिंग - इस रणनीति के साथ, जोड़-तोड़ करने वाला स्पर्श के माध्यम से शारीरिक स्नेह दिखाकर, अंतरंग विचारों का आदान-प्रदान करके, भावनात्मक रूप से जुड़कर और दयालुता दिखाकर अपने शिकार को करीब लाता है - इस रणनीति का उपयोग अपने पीड़ित को यह पुष्टि दिखाने के लिए किया जाता है कि उनके समूह में शामिल होना सही निर्णय था, मिटा देना किसी बाहरी व्यक्ति के प्रति उनके मन में कोई स्नेह हो सकता है।

ब्रेनवॉश करने से शायद ही कभी अधिक लाभ होता है। अधिकांश जोड़-तोड़कर्ता अपने पीड़ितों पर पूर्ण नियंत्रण पाने के लिए ऐसी रणनीति अपनाते हैं।
ब्रेनवॉशिंग इसके पीड़ितों के लिए विनाशकारी हो सकता है। वे जल्दी ही अपनी सुध-बुध खो बैठते हैं और अपने बंदी को खुश करने के लिए जीते हैं; साधारण चीजें जिन्हें हम हल्के में लेते हैं जैसे कि क्या और कब पहनना है यह चुनना उनसे लिया जाता है; अन्यथा वे जो भी निर्णय ले रहे होते, वे उनसे छीन लिए जाते हैं - यह सब इसलिए ताकि जोड़-तोड़ करने वाला अयोग्य और आभारी महसूस करे कि उन्होंने उनका पक्ष जीत लिया है।

ब्रेनवॉशिंग से बचने के लिए पहला कदम है मैनिपुलेटर्स द्वारा उपयोग की जाने वाली रणनीति और उनके लक्षणों के बारे में जागरूक होना, ताकि जब कोई आपका या किसी करीबी का ब्रेनवॉश करने की कोशिश करे तो उसे पहचाना जा सके। ब्रेनवॉशिंग अंधेरे

मनोविज्ञान का एक आक्रामक रूप है जिसमें एक जोड़-तोड़कर्ता अपने पीड़ितों की भावनाओं या भलाई की उपेक्षा करते हुए व्यक्तिगत लाभ के लिए इन युक्तियों का उपयोग करता है।

अध्याय 10: विधियाँ जो आपको अन्य लोगों के दृष्टिकोण का अनुमान लगाने में सक्षम बनाएंगी

अब जब आप उन सभी तरीकों को समझ गए हैं जिनसे दूसरों ने आपको नुकसान पहंचाया है, तो इस ज्ञान का उपयोग करने और इसे अच्छे के लिए उपयोग करने का समय आ गया है। इससे कोई फर्क नहीं पड़ता कि आपने अतीत में अपने मस्तिष्क और क्षमताओं के बारे में क्या सोचा था, अब आपको एहसास हआ है कि आपके पास अविश्वसनीय शक्ति है जो आपको जन्म के समय दी गई थी - ऐसी क्षमताएं जिनका आसानी से उपयोग किया जा सकता है या नहीं भी किया जा सकता है। कुछ लोगों को यह समझने में संघर्ष करना पड़ सकता है कि वे वास्तव में कौन हैं और जीवन में उनके लक्ष्य क्या हैं, और यह बिल्कुल ठीक है; बहुत अधिक प्रयास करने से हमारी सोच सीमित हो सकती है और नई अंतर्दृष्टियाँ सामने आने से रुक सकती हैं। इससे कोई फर्क नहीं पड़ता कि अतीत में दूसरों ने आपको कैसा महसूस कराया है, उनके कार्य यह परिभाषित नहीं करते हैं कि आप आज कौन हैं। आप कौन और कहां से आए हैं, इसके प्रति सच्चे रहते हुए अपने इतिहास से सबक लें। आपको जो भी चोट महसूस हई है उसे जाने दें ताकि आप उपचार शुरू कर सकें और अधिक सकारात्मक दिशा में आगे बढ़ें।

सुनिश्चित करें कि आप लोगों के बारे में कोई धारणा बनाए बिना, उन्हें अच्छी तरह से जानने में पर्याप्त समय व्यतीत करें। जितना अधिक आप समझेंगे कि लोग वास्तव में उनके मूल में कौन हैं, आपके लिए उन पर सकारात्मक प्रभाव डालना उतना ही आसान होगा। खोया हुआ और भ्रमित महसूस करने पर भी, अंदर या बाहर खुदाई करने से अधिक सार्थक सत्य सामने आ सकते हैं; बहुत तेजी से धारणा बनाने या लोगों पर लेबल लगाने से आपकी विकास और दुनिया को बेहतर ढंग से समझने की क्षमता सीमित हो जाएगी।

संचार प्रमुख होगा. हालांकि यह डरावना और चुनौतीपूर्ण हो सकता है, लेकिन सच बोलना अंततः समस्याओं का अधिक कुशलता से समाधान खोजने में फायदेमंद होगा।
दिन के अंत में, बोलने और अपनी सच्चाई साझा करने से आपको बहुत बेहतर महसूस होगा - आपके दिमाग और दिल में क्या है यह सुनने से आपको और दूसरों दोनों को फायदा होगा। संवाद करने के अलावा अन्य तरीकों से अपनी बात मनवाने की कोशिश न करें। किसी ऐसे व्यक्ति से कुछ भी न रोकें जिसे किसी चीज़ की आवश्यकता हो; बातचीत के माध्यम से बातें करने और किसी अन्य व्यक्ति के साथ पूरी बात करने की तुलना में इस तरह से दूसरों के साथ छेड़छाड़ करना स्थायी परिवर्तन प्राप्त करने के करीब नहीं पहुंच पाएगा।

अब आपके द्वारा अनुभव किए गए सभी दर्द का सदुपयोग करने का समय आ गया है। आप आज जहां हैं वहां हर चीज ने पहंचाया है, सबसे अंधकारमय क्षण जो कभी न खत्म होने वाले लगते थे, बीत चुके हैं और वे सभी समय जब आप पलायन के अलावा कुछ नहीं चाहते थे, उन्होंने आपको वहां पहंचाया है जहां आप आज हैं। हालाँकि आप कभी भी इन अनुभवों को दोबारा नहीं दोहराना चाहेंगे, लेकिन उनके लिए आभारी होना सीखें क्योंकि उनके बिना, आपका भविष्य बहुत अलग और दूसरों के लिए कम फायदेमंद दिखेगा।

अब वह करने का समय है जो आप संभवतः सबसे अधिक चाहते हैं - दूसरों को प्रभावित करना! आज के समाज में, अनुनय महत्वपूर्ण है और कुछ व्यक्तियों को मनाने में असफल होने से आप इस जीवनकाल में उन चीजों को साकार करने से वंचित रह सकते हैं जो आप वास्तव में चाहते हैं। इसलिए, यह जानना सबसे महत्वपूर्ण है कि आप किसे मनाना चाहते हैं - चाहे वह अपने पति को यह समझाना हो कि आप बच्चों के लिए तैयार हैं, या बिक्री बढ़ाने के लिए कड़ी मेहनत करने के महत्व के बारे में पूरी 100 सदस्यीय बिक्री टीम को समझाना हो; उन्हें समझने की शुरुआत सीधे उनसे संपर्क करने और उन्हें व्यक्तिगत रूप से आज़माने से पहले यह जानने से होती है कि वे कौन हैं और उनकी कार्यशैली क्या है!

इस स्तर पर, सबसे पहले उनकी पृष्ठभूमि की समझ हासिल करना आवश्यक है: उम्र, लिंग पहचान और स्थान ऐसे कुछ प्रश्न हैं जिन पर आपके हितों के अनुरूप अनुनय रणनीतियों का निर्माण करते समय नज़र रखनी चाहिए। ऐसे प्रश्नों का सटीक उत्तर देने से, अनुनय की रणनीति बनाना बहुत आसान हो जाता है।

इस स्थिति में कुछ मतभेद आवश्यक भूमिका निभाएंगे। उदाहरण के लिए, $20 के लिए अपने 18-वर्षीय प्रेमी से संपर्क करना, अपनी 80-वर्षीय दादी से यही बात पूछने से काफी भिन्न है। लोगों को प्रभावी ढंग से समझाने के लिए, यह महत्वपूर्ण है कि आप उन दोनों को समझें जो सामान्य रूप से उनकी विशेषताएँ हैं और उनकी विशिष्ट व्यक्तिगत विशेषताएँ, जैसे कि वे जो उनके व्यक्तित्व लक्षण बनाती हैं।

एक बार जब आप उनकी रुचियों को समझ लेते हैं और उन्हें क्या खुशी मिलती है, तो अगला कदम यह आकलन करना है कि यदि आवश्यक हो तो बिक्री को क्या प्रोत्साहित करेगा - जैसे छूट, मुफ्त उपहार या ग्राहक होने के लिए अन्य पुरस्कार।
एक बार जब आप उनकी पसंद और नापसंद को समझ जाते हैं, तो अगला कदम उन चीजों की पहचान करना होना चाहिए जो उन्हें नापसंद हैं - जैसे कि कुछ खरीदने के बाद लंबे समय तक वापसी, छिपी हुई फीस या अपने उत्पादों को अनुकूलित करने में सक्षम नहीं होना। एक बार पहचान लेने के बाद, उसके अनुसार कार्य करना सरल हो जाता है; जब भी कोई चीज़ उन्हें ठेस पहुँचाती है तो समाधान के रूप में उन्हें जो पसंद हो उसे प्रदान करें; हालाँकि यह स्पष्ट प्रतीत होता है कि दूसरों को प्रभावित करने का प्रयास करने वाले कई लोग इस कदम को नज़रअंदाज कर देंगे।

अंत में, सुनिश्चित करें कि आप इस बात का ध्यान रखें कि दूसरे कैसे संवाद करते हैं। इस गतिशीलता को समझने से, यह सुनिश्चित करना बहुत आसान हो जाएगा कि आप चीजों को उनके साथ उसी तरह से व्यक्त करें। हमेशा दूसरे व्यक्ति क्या कह रहा है उसे सुनें और उन्हें बोलने के लिए एक मंच प्रदान करें। न केवल वे किन शब्दों का उपयोग कर रहे हैं, बल्कि उनके चेहरे पर भी ध्यान दें जब वे आपके साथ जानकारी साझा करते हैं। यदि किसी को लगता है कि उन्हें नजरअंदाज किया जा रहा है, तो वे दूर हो सकते हैं और लंबे समय में उन्हें मनाए जाने की संभावना बहुत कम है - अगला भाग इस विषय पर और विस्तार से चर्चा करेगा और आप जीवन में स्वस्थ बातचीत को कैसे बढ़ावा दे सकते हैं।
संचार बुनियादी बातों को समझना

संचार हम सभी के लिए चुनौतीपूर्ण हो सकता है। पहली नज़र में यह सहज लग सकता है - बस अपना मुँह खोलें और बात करना शुरू करें - लेकिन कई लोग खुद को शब्दों में व्यक्त करने के लिए संघर्ष करते हैं कि वे कैसा महसूस कर रहे हैं, भले ही वे इसे स्वयं अनुभव कर सकें। लेकिन जीवन में संचार जितना अधिक प्रभावी होगा जीवन उतना ही आसान होगा और परिणामी परिणाम भी उतने ही सुखद होंगे।

अपने संचार कौशल को बेहतर बनाने के लिए, याद रखें कि उन्हें सुधारने के लिए अभ्यास की आवश्यकता होती है। तुरंत सुधार करने का कोई जादुई गोली या गुप्त तरीका नहीं है - बेहतर बनने के लिए, आपको लगातार बातचीत के माध्यम से अन्य लोगों के साथ बातचीत करनी चाहिए - चाहे कॉफी शॉप में बरिस्ता के साथ या बस स्टॉप पर अजनबियों के साथ, शुरुआत करते समय छोटी बातचीत शुरू करना सबसे अच्छा है - डॉन' हालाँकि, अन्य लोगों को परेशान न करें, बस उन तरीकों की तलाश करें जिनसे आप मानक "आप कैसे हैं?" कहने से परे अपनी आवाज़ को स्पष्ट कर सकें।

सुनिश्चित करें कि आप अपनी भावनाओं को प्रभावी ढंग से स्वयं तक संप्रेषित कर रहे हैं। यहां तक कि जब हम अकेले होते हैं, तब भी कभी-कभी हमारी भावनाएं हमारे लिए पूरी तरह से समझ में नहीं आती हैं। यदि आवश्यक हो, तो प्रतिदिन अपनी भावनाओं को जर्नल करना शुरू करें; जितना अधिक आप उत्पन्न होने वाली भावनाओं को लिखकर उन पर स्वयं काम कर सकेंगे, उन्हें स्वयं प्रबंधित करना और उन्हें प्रभावी ढंग से दूसरों के साथ साझा करना उतना ही आसान होगा।

दूसरों को समझाना शुरू करते समय अपने शब्दों पर सावधान रहें। किसी को कुछ भी करने के लिए मजबूर न करें या उन्हें ऐसी स्थितियों में न डालें जहां वे खुद को रोकने में असमर्थ महसूस करें - "आपको यह करना चाहिए" जैसे वाक्यांशों से बचें। किसी को यह पसंद नहीं आता कि उसे बताया जाए कि क्या करना है!
पहले अपने बारे में बोलना उल्टा लग सकता है, लेकिन लोग सीधे तौर पर आपके व्यवहार को निर्देशित करने के बजाय उदाहरणों को उठाकर अधिक सकारात्मक प्रतिक्रिया देंगे। उदाहरण के लिए, मान लें कि आप अपने जीवनसाथी को जल्दी उठना शुरू करने के लिए राजी करना चाहते हैं ताकि हर सुबह देर से आने के कारण होने वाले तनाव को कम किया जा सके; ऐसा कुछ कहने के बजाय, "आपको पहले उठना चाहिए," आप इसके बजाय यह कह सकते हैं: "पहले शुरू करने से मैंने पाया है कि सुबह जल्दी उठने के दौरान कम तनाव होने से मेरे लिए तनाव का स्तर काफी कम हो गया है और कम करने में मदद मिली है काम से पहले मेरी सुबह का तनाव!"

दूसरों को यह विश्वास दिलाना कि आपका विचार उनका है, अनुनय की अधिक विश्वसनीयता सुनिश्चित करेगा; लोग अपनी इच्छा के विरुद्ध किसी चीज़ को स्वीकार करने के लिए मजबूर होने के बजाय यह महसूस करना पसंद करते हैं कि वे इसे स्वयं लेकर आए हैं। उन्हें स्वयं इसके माध्यम से काम करने की अनुमति दें ताकि वे स्वयं इसके लाभों और कमियों का आकलन कर सकें - इस तरह आप उन पर कुछ थोपने के बजाय अधिक प्रभावी अनुनय बना सकेंगे।

इसके बाद, अपने लहज़े और शारीरिक भाषा दोनों का विशेष ध्यान रखें, एक ऐसा माहौल बनाएं जहां वे आपके आसपास रहने पर सहज महसूस करें। दया, प्रेम और करुणा दिखाने से वे आपके साथ बेहतर संबंध बना सकेंगे; कठोर और कठोर संचार रणनीतियों में दबाव महसूस न करें ताकि लोग वही करें जो आप चाहते हैं - इसके बजाय दयालु और सौम्य बनने का प्रयास करें और वे बेहतर प्रतिक्रिया देंगे!

अंत में, सुनिश्चित करें कि आप उन लोगों के साथ सम्मानपूर्वक व्यवहार करें जिन्हें आप प्रभावित करने का प्रयास कर रहे हैं। यदि वे कुछ मूर्खतापूर्ण बात कहते हैं तो उन्हें अपने आसपास शर्मिंदा या लज्जित महसूस न कराएं; इसके बजाय उनका निर्माण करें और वे बदले में इस प्रकार की दयालुता का प्रतिदान करेंगे।

नकारात्मक हेरफेर को सकारात्मक अनुनय में कैसे बदलें

अब आपको बुनियादी स्तर के मनोविज्ञान का विशेषज्ञ होना चाहिए! हर चीज हमारे दिमाग में शुरू होती है और हर व्यक्ति के लिए अलग-अलग तरीके से प्रकट होती है। इस जीवन में आप जो चाहते हैं उसे वास्तव में हासिल करने के लिए, यह महत्वपूर्ण है कि आप अन्य लोगों के बारे में सीखना शुरू करें और उनका मस्तिष्क कैसे काम करता है; अन्यथा आपको नियत समय में अपूरणीय क्षति होने का जोखिम है।

उन सभी जोड़-तोड़ तकनीकों को लें जो आपने अतीत में सीखी हैं और अब उन्हें अच्छे के लिए उपयोग करें। अपने नकारात्मक अनुभवों से सीखें ताकि आप उन्हें सीखने के अनुभवों के रूप में उपयोग कर सकें कि दूसरों के साथ कैसा व्यवहार नहीं करना चाहिए। नकारात्मक हेरफेर को सकारात्मक अनुनय में बदलने के लिए, आप जिस बात पर दूसरों को सहमत करना चाहते हैं उसके पीछे अच्छे इरादे रखकर शुरुआत करें - दोनों पक्षों के बीच पारस्परिक रूप से लाभकारी कुछ आप दोनों के बीच किसी भी बातचीत का अंतिम लक्ष्य होना चाहिए। अन्य व्यक्तियों से बात करते समय उनकी जरूरतों के बारे में ध्यान से सुनें ताकि आप एक ऐसे समझौते पर पहुंच सकें जहां दोनों शामिल पक्षों से बदले में सकारात्मक लाभ प्राप्त कर सकें - इस तरह दोनों पक्ष एक ही बार में सकारात्मक लाभ के मामले में जीत जाते हैं!

सुनिश्चित करें कि आप अपने से ज़्यादा दूसरों की ज़रूरतों को पूरा करने को प्राथमिकता देते हैं। बेशक, सबसे पहले अपना ख्याल रखना महत्वपूर्ण है, लेकिन दूसरों को कैसा महसूस होता है, इससे अनजान रहना लंबे समय में किसी के लिए अच्छा नहीं होगा।

प्रभावशाली नेता हैं. यदि आपके पास अच्छे विचार हैं जिन्हें आप अन्य लोगों को प्रदान करना चाहते हैं और चाहते हैं कि आप जो जानते हैं उससे उन्हें लाभ मिले, तो यह जरूरी है कि आप सकारात्मक नेतृत्व क्षमताओं का विकास करें और उन्हें निखारें।

दूसरों को केवल आपके उपकरण के रूप में नहीं देखा जाना चाहिए। दूसरे लोग मदद कर सकते हैं, लेकिन आपको भी उनकी मदद करनी चाहिए। एक महान नेता दूसरों पर अपनी इच्छा थोपे बिना उन्हें प्रेरित करना जानता है; दूसरे शब्दों में, बदले में कुछ लाभदायक प्रदान करना। हालाँकि आपको कोई ऐसा व्यक्ति मिल सकता है जो आपके सपनों को पूरा

करने में सहायता करने को तैयार हो, लेकिन सावधान रहें कि ऐसा करने से आपको या आपको कोई कीमत या लाभ नहीं होगा।
यदि आप जीवन में कुछ भी महत्वपूर्ण हासिल करना चाहते हैं तो आपका विश्वास भी इस यात्रा का हिस्सा होना चाहिए। अपने आप को संरेखित करें और उन्हें इस प्रणाली के आसपास केन्द्रित करें, और आपकी सफलता निश्चित है!

दूसरों से बात करते समय समावेशी भाषा का उपयोग करना सुनिश्चित करें, ऐसा करते समय "हम" भाषा और आत्मविश्वास का उपयोग करें। जब उन्हें स्वयं इस प्रक्रिया के भाग के रूप में शामिल किया जाएगा तो वे संभवतः अधिक ध्यान देंगे।

आपके विकास के इस चरण में, प्रमुख घटक विकास की मानसिकता है। हमारे विचारों को सीमित करने से हमें जीवन में कम संभावनाओं का एहसास होता है, इसलिए सामान्य रूप से अनुनय, हेरफेर और मनोविज्ञान से संबंधित अध्ययनों के साथ-साथ मानव मस्तिष्क के बारे में समाचार पत्रों या पत्रिकाओं की सदस्यता लेते रहें ताकि गहरी जानकारी प्राप्त हो सके। इसकी कार्यप्रणाली.

अपने स्वास्थ्य की नियमित जांच कराएं। अपने सभी पहलुओं की देखभाल करने में असफल होने से उम्र बढ़ने के साथ-साथ आपके दिमाग की कार्यप्रणाली गंभीर रूप से प्रभावित हो सकती है, इसलिए अब यह सुनिश्चित करने का समय है कि हम अपने दिमाग को उसी के अनुसार तैयार करें। दूसरों के साथ संवाद करते समय खुला दृष्टिकोण रखने और ध्यान से सुनने का अभ्यास करें; सीखना जारी रखें क्योंकि जितना अधिक ज्ञान आप इकट्ठा करेंगे उतना ही अधिक खोजने को रहेगा।

कभी भी आक्रामकता और अनुनय का प्रयोग न करें। हालाँकि डर लोगों को अस्थायी रूप से वह करने के लिए मजबूर कर सकता है जो आप चाहते हैं, लेकिन दीर्घकालिक सम्मान कभी भी अकेले डरावने तरीकों से हासिल नहीं किया जाना चाहिए। अपनी करुणा दिखाएं और दूसरों को पूरी तरह से समझें ताकि वे अपने मन की बात साझा करते समय अधिक ध्यान से सुनें।

निष्कर्ष

किसी अन्य व्यक्ति का विश्लेषण करते समय, शारीरिक भाषा महत्वपूर्ण होती है। क्या वे लम्बे हैं या वे फिसल कर गिर जाते हैं? किसी की आँखों, चेहरे और भुजाओं का अवलोकन करने से बहुत कुछ पता चल सकता है कि वे वास्तव में कौन हैं - उदाहरण के लिए, यदि आप ध्यान देना शुरू करते हैं तो आप देख सकते हैं कि जो व्यक्ति आत्मविश्वासी लगता है वह वास्तव में चिंता से पीड़ित हो सकता है। आपको यह भी पता चल सकता है कि जिस व्यक्ति पर आपने भरोसा किया था वह आपसे झूठ बोल रहा था!

यह पता लगाना कि किसी को दूसरों से क्या अलग करता है और यह समझना कि वे एक निश्चित तरीके से क्यों कार्य करते हैं, मुश्किल हो सकता है, लेकिन अंततः आप इस बारे में अधिक जानकारी प्राप्त करना शुरू कर देंगे कि कोई इस तरह से व्यवहार क्यों करता है। हालाँकि कोई भी दो लोग कभी भी पूरी तरह से समझ नहीं पाएंगे, आप कम से कम इस बात की झलक पाना शुरू कर सकते हैं कि कुछ लोग इस तरह से व्यवहार क्यों करते हैं।

एक बार जब आप किसी का सफलतापूर्वक विश्लेषण कर लेते हैं, तो अगला कदम उन्हें अपने दृष्टिकोण या मांगों के प्रति आश्वस्त करना होना चाहिए। आप जीवन से जो चाहते हैं या कम से कम दूसरों से जिसके हकदार हैं उसे पाने का प्रयास करते समय अनुनय महत्वपूर्ण है; जैसा कि हमने पहली पुस्तक में चर्चा की थी, कार्रवाई किए बिना पढ़ने से कुछ नहीं होगा - हालाँकि स्वयं के बारे में जागरूक होना पहली बार में चुनौतीपूर्ण हो सकता है, यह कदम आपके आस-पास के अन्य लोगों के बारे में जागरूक होने और प्रभावी संचारक बनने की दिशा में आवश्यक है।

लोग अक्सर अपने भीतर गहराई तक गए बिना और उनके विचारों को चुनौती दिए बिना और ऐसा करने के लिए ईमानदार प्रयास किए बिना आँख बंद करके दूसरों का अनुसरण करते हैं। हालाँकि यह पहली नज़र में चुनौतीपूर्ण हो सकता है, लेकिन यह महत्वपूर्ण है कि हम खुशहाल और स्वस्थ जीवन जीने के लिए अपने मानस का पता लगाएं।

अपने आप को याद दिलाएँ कि दूसरों को आप पर प्रभाव डालने की अनुमति देना अभी भी स्वस्थ और सामान्य है! दुनिया भर के उन सभी महान नेताओं के बारे में सोचें जिन्होंने अपने नेतृत्व करने वालों के भीतर सकारात्मक जुनून और प्रेरणा पैदा करके दूसरों को प्रेरित किया होगा - कई लोगों ने आपको ध्यान में रखते हुए बिल्कुल ऐसा ही किया है! यदि वे दूसरों के प्रभाव में आ जाते हैं तो इसके लिए कोई दोषी नहीं है; अब फर्क इस बात से पड़ेगा कि क्या वह प्रभाव किसी ऐसे व्यक्ति के हेरफेर के बजाय सकारात्मक और उत्थानकारी प्रेरणा के रूप में आता है जो आपको नुकसान पहुंचाना चाहता है।

जैसे ही आप जीवन में आगे बढ़ते हैं, इसे एक मुख्य लक्ष्य के रूप में ध्यान में रखें: हमेशा अपने मस्तिष्क का उपयोग अच्छे के लिए करें! हालाँकि यह कई बार चुनौतीपूर्ण हो सकता है, लेकिन ऐसा करना हमेशा बेहतर समाधान होता है। यहां तक कि जब किसी दूसरे के द्वारा आसानी से हेरफेर किया जाता है, तब भी किसी को हेरफेर करने के लिए ऐसे अवसरों का लाभ न उठाएं। हालाँकि ऐसा लग सकता है कि अधिक जागरूक न होने के कारण यह

उनकी गलती है, लेकिन ऐसा कभी न मानें; कुछ व्यक्तियों ने ऐसी चीजों का अनुभव किया है जिन्होंने पुराने पैटर्न से मुक्त होना और भावनाओं और विचारों से निपटने के लिए स्वस्थ समाधान ढूंढना अधिक चुनौतीपूर्ण बना दिया है।

हमेशा दूसरों की मदद करें, उन्हें नुकसान न पहुंचाएं। यहां तक कि जिन लोगों ने अतीत में आपके साथ अन्याय किया होगा, उन्हें भी आपके क्रोध का निशाना नहीं बनना चाहिए; अपनी बुद्धि का उपयोग भलाई के लिए करें, दुनिया को स्वस्थ प्रभाव के साथ एक बेहतर जगह बनाने में मदद करें, और आप जल्द ही पाएंगे कि वह सब कुछ जो आपने कभी चाहा है वह आपके रास्ते में आ जाएगा।

<h1 style="text-align:center">अध्याय बोनस</h1>

सफलता की शुरुआत दिमाग से होती है

एक व्यक्तिगत विश्लेषक या पाठक विभिन्न विशेषताओं के माध्यम से किसी व्यक्ति के व्यक्तित्व को तुरंत समझ सकता है, जिसमें वह अपने खाली समय में क्या करता है, यह भी शामिल है। उदाहरण के लिए, सामुदायिक अभियानों, स्वयंसेवी गतिविधियों में भाग लेने और चर्च की पहल में योगदान देने से पता चल सकता है कि वे परोपकारी हैं। दूसरी ओर, लगातार पार्टी करना या टेलीविजन देखना कम महत्वाकांक्षा और त्वरित संतुष्टि का संकेत दे सकता है; यहां तक कि प्रतीत होने वाली तुच्छ आदतें भी इस बारे में बहुत कुछ बताती हैं कि लोग वास्तव में कौन हैं।
मनोविज्ञान हमारे जीवन को कैसे प्रभावित करता है

मनोवैज्ञानिक इस बात पर असहमत हैं कि क्या हमारा व्यवहार पूरी तरह आनुवंशिकी या आनुवंशिकता से निर्धारित होता है; अन्य लोग जन्म से ही हमारे अनुभवों को प्रमुख योगदानकर्ता मानते हैं। दूसरों का मानना है कि हमारा तात्कालिक वातावरण या अनुभव हमारे व्यवहार को आकार देते हैं - उदाहरण के लिए यदि कोई व्यक्ति लगातार दुर्व्यवहार का अनुभव करता है तो परिणामस्वरूप उनका व्यवहार बदल सकता है। उदाहरण के लिए, यदि कोई व्यक्ति लगातार दुर्व्यवहार सहता है तो उसका व्यवहार तदनुसार बदल सकता है; जैसे-जैसे वे बड़े होते हैं और अपने वर्ग या नस्ल के कारण हाशिए पर जाने और नस्लवाद का अनुभव करते हैं, वे उत्पीड़ित लोगों के प्रति सहानुभूति रखते हुए धनी लोगों या प्रतीत होने वाली श्रेष्ठ नस्लों से घृणा करने लगते हैं।

इसी तरह, जो बच्चे बचपन में लगातार बदमाशी, दुर्व्यवहार या उत्पीड़न का अनुभव करते हैं, वे बड़े होकर खुद भी बदमाशी कर सकते हैं। उनका दृष्टिकोण, मूल्य, व्यक्तित्व और दृष्टिकोण संभवतः प्रारंभिक जीवन में हिंसा और दुर्व्यवहार के ऐसे शुरुआती अनुभवों से बने होंगे।

क्या आपने ऐसे लोगों को देखा है जो राशि चिन्हों या ज्योतिष के माध्यम से अपने व्यक्तित्व को पढ़ने का इरादा रखते हैं? क्या यह कम आत्म-जागरूकता और समझ का सूचक नहीं है? उदाहरण के लिए, लोग उन चीज़ों की ओर आकर्षित होते हैं जिनकी उनमें बहुत कमी होती है; बचपन या किशोरावस्था में पर्याप्त माता-पिता के ध्यान से वंचित कोई व्यक्ति वयस्कता में नाटक और ध्यान आकर्षित करने वाली रणनीतियों का आनंद लेने वाला व्यक्ति बन सकता है, शायद समय के साथ तेजी से नाटकीय और दिखावटी हो जाता है।

लोगों के विश्लेषकों को सूक्ष्म संकेतों के प्रति सतर्क रहना चाहिए जो यह बता सकते हैं कि वह व्यक्ति वास्तव में कौन है। हमारे चारों ओर बहुत सारे संकेत पाए जाते हैं; एक विश्लेषक के रूप में आपको बस नज़र रखनी है।
हम

हमारे मन को तीन अलग-अलग परतों में विभाजित किया जा सकता है - चेतन मन, अवचेतन मन और अचेतन मन। जबकि सचेत जागरूकता केवल सचेत जागरूकता से विचारों, कार्यों, सीखों और अनुभवों को शामिल करती है, अवचेतन और अचेतन मन मन के भीतर के क्षेत्र हैं जिनमें ऐसी जानकारी हो सकती है जिसका हमें एहसास नहीं होता है कि वह मौजूद है; चेतन मन की जागरूकता के माध्यम से हम अपने तात्कालिक वातावरण से एकत्रित सभी धारणाओं, भावनाओं, अवधारणाओं या विचारों के बारे में जागरूकता प्राप्त करते हैं जो अन्यथा हमारे लिए अनदेखी या अज्ञात रह सकती हैं।

हालाँकि, जब हमारे अवचेतन और अचेतन मन की बात आती है, तो हमें आम तौर पर उनके सभी विचारों, विचारों, अवधारणाओं और वहां संग्रहीत जानकारी के बारे में बहुत सीमित जागरूकता होती है। हमारा चेतन मन अपनी जटिलता का केवल एक भाग ही दिखाता है; इसकी सतह के नीचे कई परतें होती हैं जो हमारी जागरूकता के बिना हमारे व्यक्तित्व और व्यवहार को प्रभावित करती हैं।

यदि आप एक प्रभावी जन विश्लेषक बनना चाहते हैं तो शुरुआत स्वयं से करें। मूल्यांकन करें कि आप अपने आप को या अपने व्यक्तित्व या व्यवहार पैटर्न को कितना जानते हैं या कितनी अच्छी तरह समझते हैं, जिसमें आपके व्यवहार को संचालित करने वाले कोई भी ट्रिगर शामिल हैं - कौन से विश्वास, भय, प्रेरक या मूल्य ऐसे व्यवहार को प्रेरित कर सकते हैं?

एक बार जब आप खुद को और विभिन्न व्यक्तित्वों और व्यवहारों को समझ लेते हैं, तो करीबी दोस्तों और परिवार के सदस्यों की खोज शुरू करें। इस चरण के पूरा होने के बाद, अजनबियों को समझने का प्रयास करें जैसे कि जिन्हें आप डॉक्टर के क्लिनिक या हवाई अड्डों पर इंतजार करते समय देखते हैं, साथ ही ऐसे लोग जिनसे आप पहली बार पार्टियों में या रोजमर्रा की बातचीत के दौरान मिलते हैं - इस कौशल का अभ्यास तब तक जारी रखें जब तक कि यह स्वाभाविक रूप से न आ जाए और पढ़ सके। लोग जल्दी और प्रभावी ढंग से एक विशेषज्ञ की तरह!

भावनाएँ और मानव व्यवहार

भावनाएँ क्षणभंगुर अनुभव हैं जो हमें मानसिक गतिविधि के हिस्से के रूप में प्राप्त होते हैं। हालाँकि भावनाएँ पहली बार में तर्कसंगत या तार्किक लग सकती हैं, कभी-कभी मित्र को धमकाए जाने या उस पर आरोप लगाए जाने के खिलाफ सबूत होने के बावजूद हमारी प्रतिक्रियाएँ भावनात्मक बनी रहती हैं। उदाहरण के लिए, तब भी जब उनकी ओर से गलत काम का सबूत पेश किया गया हो।
यहां तक कि जब कोई हमारी पीठ पीछे हमें धोखा देता है, तब भी हम वफादार रहते हैं और उन पर अधिक भरोसा करते हैं।

मनुष्य के रूप में, हम तर्क के बजाय आवेग पर कार्य करते हैं। लोगों का व्यवहार भावनाओं से काफी प्रभावित होता है। उन्हें समझने से हमें उनके कार्यों, व्यक्तित्व लक्षणों और

व्यवहार पैटर्न को समझने और भविष्यवाणी करने की शक्ति मिलती है। मनोवैज्ञानिक सिद्धांत
शास्त्रीय कंडीशनिंग एक व्यापक रूप से आयोजित मनोवैज्ञानिक सिद्धांत है जिसमें व्यक्ति कुछ व्यवहारों को पुरस्कार या पुनर्बलकों जैसे व्यवहार के साथ जोड़कर सीखते हैं। जानवरों को प्रशिक्षण देते समय अक्सर इसी सिद्धांत का उपयोग किया जाता है - उदाहरण के लिए जब आपका कुत्ता गेंद उठाता है तो उसे हर बार इनाम देता है! अनिवार्य रूप से, लाना आपके पालतू जानवर के लिए व्यवहार के साथ जुड़ जाएगा; अंततः उसे पता चलता है कि यदि उसे कोई दावत चाहिए तो लाना आवश्यक है!

मनुष्य के रूप में शास्त्रीय कंडीशनिंग हमारे जीवन में एक बड़ी भूमिका निभाती है। जन्म से ही, हम रोने को खाना खिलाने और साफ-सुथरा रखने से जोड़ते हैं; स्कूल में अच्छे ग्रेड अर्जित करने के लिए लगातार अध्ययन करना। शास्त्रीय कंडीशनिंग जीवन के हर पहलू को प्रभावित करती है - बच्चे सीखते हैं कि रोने का मतलब है कि उन्हें खाना खिलाया जाएगा या साफ किया जाएगा; छात्रों को पता चलता है कि लगन से पढ़ाई करने पर अच्छे ग्रेड प्राप्त होते हैं। इसलिए, शास्त्रीय कंडीशनिंग जीवन भर प्रभावशाली रहती है: व्यक्तियों के रूप में हम सीखते हैं कि कुछ उत्तेजनाओं पर कुछ तरीकों से प्रतिक्रिया कैसे करें - जब व्यवहार विश्लेषण की बात आती है तो यह प्रमुख निर्धारकों में से एक है।

मानव व्यवहार और शरीर क्रिया विज्ञान.

अध्ययनों से पता चलता है कि लोग उत्तेजनाओं के प्रति विशिष्ट शारीरिक प्रतिक्रियाएँ प्रदर्शित करते हैं जिनका उपयोग विश्लेषण करते समय संकेतक के रूप में किया जा सकता है। आपराधिक मनोवैज्ञानिक आमतौर पर आपराधिक मनोविज्ञान को समझने में इस सिद्धांत का उपयोग करते हैं और अपराधियों को अपराध करने के लिए क्या प्रेरित करते हैं; बायोमेट्रिक तकनीक से जांचकर्ता यह पता लगाने का प्रयास करते हैं कि क्या संदिग्ध विचार कार्यों से मेल खाते हैं।

मनोवैज्ञानिक और शारीरिक तकनीकें संयुक्त रूप से मानव व्यवहार की प्रेरणाओं को उजागर करने के लिए शक्तिशाली उपकरण हैं। जब कोई व्यक्ति धोखा देता है या झूठ बोलता है तो हमारा शरीर विशिष्ट शारीरिक प्रतिक्रियाएं प्रदर्शित करता है, जैसे कि फैली हुई पुतलियाँ, पसीना या अन्य संकेतक जो यह दर्शाते हैं कि वह गुमराह कर रहा है या झूठ बोल रहा है।
खतरा या असहजता महसूस होने पर हृदय गति बढ़ जाती है, धड़कन बढ़ जाती है, पसीना बढ़ जाता है और पैर की उंगलियां फड़कने लगती हैं। शारीरिक या अशाब्दिक सुरागों का उपयोग करके लोगों का विश्लेषण करना अधिक सटीक विश्लेषण प्रदान कर सकता है; हालाँकि, विश्लेषण के सभी रूपों की तरह यह कभी भी 100% विश्वसनीय नहीं हो सकता।

हालाँकि, संचार के सभी रूपों में लोगों को मनाने की क्षमता नहीं होती है, क्योंकि कुछ केवल मनोरंजन या जानकारी प्रदान करने के लिए काम कर सकते हैं। अनुनय का उपयोग दूसरों को हेरफेर करने के एक अरुचिकर साधन के रूप में भी किया जा सकता है; दूसरों को मनाने की कोशिश को प्रतिकारक व्यवहार भी माना जा सकता है। अनुनय को संचार से अलग

किया जाना चाहिए क्योंकि इसका कारण प्रभाव या प्रतिक्रिया के रूप में व्यवहारिक परिवर्तनों को जन्म देता है।

यहां, हम उन चरणों का पता लगाएंगे जिनसे किसी व्यक्ति को मनाए जाने पर गुजरना पड़ता है। पहला संचार है जिसमें प्राप्तकर्ता प्रदान की गई सामग्री पर ध्यान देता है। फिर वह संचार के सभी पहलुओं को समग्र रूप से समझने का प्रयास करेगा, जिसमें यह समझना भी शामिल है कि वक्ता क्या कहना चाह रहा है। इसमें यह समझना शामिल है कि वक्ता क्या निष्कर्ष प्रस्तावित कर रहा है और साथ ही कोई सबूत जो इस निष्कर्ष का समर्थन कर सकता है। अनुनय तब होता है जब कोई व्यक्ति जो प्रदान किया जा रहा है उसे स्वीकार करता है या उससे सहमत होता है और उस पर कार्य करने के लिए उस रुचि को लंबे समय तक बनाए रखता है। अनुनय का प्राथमिक लक्ष्य किसी व्यक्ति या लोगों के समूह के लिए नए दृष्टिकोण अपनाना है, जैसे प्रस्तुत की गई नई जानकारी के कारण अनाज के ब्रांड बदलना या धार्मिक मान्यताओं को बदलना।
कंडीशनिंग सिद्धांत अनुनय में कंडीशनिंग प्राथमिक अवधारणाओं में से एक है। कंडीशनिंग का उद्देश्य आज्ञाकारिता जैसे सीधे निर्देश देने के बजाय किसी को किसी बात के लिए राजी करना है।

विज्ञापनदाताओं द्वारा अपने ब्रांड या लोगो और सकारात्मक भावनाओं के बीच सकारात्मक संबंध उत्पन्न करने के लिए विज्ञापन में कंडीशनिंग का व्यापक रूप से उपयोग किया जाता है। कंपनियां ऐसे विज्ञापनों का सहारा लेती हैं जो दर्शकों को हंसने, भावुक होने या खुश संगीत और छवियों का उपयोग करने के लिए प्रोत्साहित करते हैं; एक बार जब ये विज्ञापन समाप्त हो जाते हैं तो वे ब्रांड लोगो को इस उम्मीद के साथ प्रकट करते हैं कि ये भावनाएँ उनके उत्पाद या सेवा से जुड़ेंगी।
टीकाकरण सिद्धांत टीकाकरण सिद्धांत अक्सर तुलनात्मक विज्ञापनों में देखा जा सकता है। इस अवधारणा के अनुसार, एक पक्ष के पास कमजोर तर्क हैं जिससे उनकी विश्वसनीयता कम हो सकती है और इस प्रकार उनके श्रोता दूसरे पक्ष के श्रेष्ठ तर्कों को चुन सकते हैं।
परिवहन सिद्धांत का वर्णन।

कथा परिवहन सिद्धांत यह मानता है कि जब लोग कहानियों में डूब जाते हैं तो उनका दृष्टिकोण बदल सकता है। यह यह समझाकर कहानियों की प्रेरक शक्ति को प्रदर्शित करना चाहता है कि विभिन्न पूर्व शर्तों को पूरा करने के कारण व्यक्तियों को कथा परिवहन का अनुभव कब हो सकता है; इसके अलावा, कथाओं को सुनते समय कथात्मक परिवहन होता है जो इसके पात्रों के लिए सहानुभूति जैसी कुछ भावनाओं को जागृत करता है।
उद्धरण: "शुरुआती लोगों के लिए लोगों और शारीरिक भाषा का विश्लेषण कैसे करें। असाधारण संचार कौशल मानसिकता एनएलपी हासिल करने के लिए शरीर और मस्तिष्क के रहस्यों के बारे में जानकारी प्राप्त करना।"

समाप्त